Feuerwehr-Raritäten

STADT
RECKLINGHAUSEN

Udo Paulitz

Feuerwehr Raritäten

Fahrzeuge mit seltenen Aufbauten und Fahrgestellen

Franckh-Kosmos

Mit 75 Farbfotos und 163 SW-Fotos aus folgenden Archiven (die Nummern in Klammern finden sich bei den jeweiligen Abbildungstexten wieder): Magirus (01) 34, Metz (02) 75, Daimler-Benz (03) 1, Ziegler (04) 1, Feuerwehr Adnet/ Österr. (05) 1, Fw Berlin (06) 1, Fw Bielefeld (07) 1, Fw Bremen (08) 1, Fw Dortmund (09) 1, Fw Düsseldorf (10) 7, Fw Freiburg (11) 1, Fw Hamburg (12) 2, Feuerwehr Köln (13) 13, Fw Remscheid (14) 1, sowie den Archiven von Krenn (15) 6, Oppermann (16) 21, Paulitz (17) 71.
5 farbige Prospektfaksimile sowie 15 SW-Prospektfaksimile aus den Sammlungen Hornung und Paulitz.

Umschlaggestaltung von Atelier Reichert, Stuttgart, unter Verwendung von Aufnahmen des Verfassers.

Lektorat und Herstellung: Siegfried Fischer, Stuttgart

Zum Bild auf Seite 2: Durch Eigenumbau aus einem TLF 16 auf Magirus-F-Mercur-125 von 1956 entstand dieser Schaumwasserwerfer (SWW) der Freiwilligen Feuerwehr Recklinghausen, der im August 1981 beim Löschzug Suderwich stationiert war. Auf dem Fahrzeug war ein Minimax-Werfer installiert, der bis zu 3200 l Schaum-Wasser-Gemisch pro Minute abzugeben vermochte. Der Schaummittelvorrat wurde in Kanistern auf der Plattform mitgeführt. (17)

Die Deutsche Bibliothek – CIP-Einheitsaufnahme

Feuerwehr-Raritäten : Fahrzeuge mit seltenen Aufbauten und Fahrgestellen / Udo Paulitz. – Stuttgart : Franckh-Kosmos, 1995
ISBN 3-440-06856-0
NE: Paulitz, Udo

ISBN 3-440-06856-0
Printed in Germany/Imprimé en Allemagne
Satz: Typomedia Satztechnik GmbH, Ostfildern
Gesamtherstellung: Westermann Druck Zwickau GmbH

Feuerwehr-Raritäten

Vorwort

Wo hört das Standardfahrzeug auf und wo fängt die Rarität an? Diese an sich nicht sehr bedeutungsvolle Frage, die jeder Leser ganz individuell aus seinem Betrachtungswinkel für sich entscheiden mag – allein schon vom Baujahr her sind eigentlich alle Fahrzeuge vor 1970 bereits Raritäten –, hatte ich mir bei der Zusammenstellung des vorliegenden Werkes „Feuerwehr-Raritäten" zu stellen. Trotzdem habe ich mir die Entscheidung nicht leicht gemacht und mich bemüht, vor allem ältere und noch wenig oder gar nicht bekannte Modelle zu zeigen. Ich hoffe, mit dem hier vorgelegten Ergebnis den Geschmack der meisten Leser getroffen zu haben.

Dieses Werk, gegliedert nach Fahrgestellmarken, soll die Vielschichtigkeit der Konstruktionen der für die Zwecke der Feuerwehren entwickelten und gebauten Fahrzeuge anhand markanter Beispiele dokumentieren.

Das Bildmaterial – es sind fast 240 Aufnahmen, nahezu ein Drittel davon in Farbe wiedergegeben – stammt aus Werks- und Privatarchiven, aber auch aus den Bildbeständen der Feuerwehren selbst, ist weitgehend unbekannt und unveröffentlicht. Es beschränkt sich nicht nur auf von deutschen Wehren in Ost und West in Dienst gestellte Fahrzeuge, sondern zeigt auch viele von ausländischen Bestellern georderte Exportfahrzeuge, die hinsichtlich Ausrüstung und Erscheinungsbild von den uns geläufigen Normen vielfach abweichen. Neben Feuerwehrfahrzeugen auf relativ selten verwendeten Fahrgestellen, z.B. der Marken Krupp, Büssing, Faun und Henschel, werden auch ausländische Lkw-Modelle vorgestellt, die entweder von deutschen Ausrüstern mit Feuerwehraufbauten versehen oder von den Wehren in Eigenleistung umgebaut wurden. Die Bildfolge vieler fast exotisch anmutender Fahrzeuge erhärtet das Sprichwort, daß es bei den Feuerwehren fast nichts gibt, was es nicht gab!

Darüber hinaus sind 21 als Faksimile wiedergegebene historische Werksprospekte auszugsweise in ganzseitigen Abbildungen eingefügt, die den meisten Lesern sicherlich unbekannt sein dürften.

Dieses Buch hätte ohne die tatkräftige Mithilfe und Unterstützung durch zahlreiche Feuerwehrangehörige, Privatpersonen und die Fahrgestell- und Feuerwehraufbau-Industrie nicht entstehen können. Allen, die zum Gelingen dieser Arbeit beigetragen haben, sei an dieser Stelle nochmals herzlich gedankt.

Verfügen Sie selbst über ältere Fotoaufnahmen, Prospektmaterial oder andere diesbezügliche Unterlagen? Dann bitte ich Sie, mir zu schreiben, denn ich suche weiterhin leihweise älteres Material (Bilder oder auch Negative) von Feuerwehrfahrzeugen, die vor 1970 gebaut wurden. Schonende Behandlung und umgehende Rückgabe des Materials sichere ich Ihnen ausdrücklich zu.

Ihnen, liebe Leser, wünsche ich viel Freude bei der Lektüre, und sollten Sie auf Fehler oder Ungenauigkeiten stoßen, die sich bei aller Sorgfalt nicht immer vermeiden lassen, so bitte ich um Richtigstellung.

Udo Paulitz
Braunsberger Weg 69
47279 Duisburg

Magirus-Deutz

Der Ulmer Feuerwehrkommandant Conrad Dietrich Magirus gründete im Jahre 1869 eine Feuerlöschgerätefabrik, die sich schon bald auf den Bau von Leitern und Feuerspritzen spezialisierte.
Die Magirus AG, die zu den Wegbereitern des modernen Brandschutzwesens in Deutschland und in der Welt zählte, nahm 1916, während des Ersten Weltkrieges, auf Veranlassung der Heeresverwaltung auch die Entwicklung und den Bau von Lastkraftwagen auf. Im gleichen Jahr lieferte Magirus die erste Drehleiter mit Verbrennungsmotor, deren Leiterbewegungen direkt vom Fahrmotor aus betrieben wurden. Als Fahrgestell wurde ein Saurer-Chassis verwendet.
Nach Aufnahme der eigenen Lastwagenproduktion war Magirus bestrebt, die Feuerwehraufbauten möglichst auf eigenen Fahrgestellen zu fertigen. So wurde im Mai 1918 die erste vollständig im eigenen Werk hergestellte Automobilspritze vom Typ 3 CS mit 70-PS-Verbrennungsmotor an die Feuerwehr Rottweil geliefert. 1919 fertigte man das erste Exemplar der Magirus-Automobil-Drehleiter mit dem Leitergetriebetyp K 16 auf einem Magirus-3,5-t-Fahrgestell 3 CL, ebenfalls mit 70-PS-Motor.
Dieser Drehleitertyp war bis 1926 sehr verbreitet. Die Magirus-Fahrzeuge der ersten Generation besaßen Einheitsmotoren mit 40, 55 und 70 PS und blieben bis 1927 in der Produktion. Sehr verbreitet war der Dreitonner 3 C 1 im Feuerwehrbereich mit der 70-PS-Maschine.
Aber auch den 2,5-Tonner vom Typ 2 C 1, der anfangs mit einem 34 oder 40 PS starken Motor (ab 1924 45/50 PS) ausgerüstet wurde, verwendete man häufig als Fahrgestell für Automobilspritzen. Bereits zu dieser Zeit gab es Überlandspritzen auf 3,5-t-Fahrgestellen, die auf den neuen Luftreifen liefen.
Mit 70- und 100-PS-Sechszylinder-Maybach-Motoren wurden ab 1925 die neuen Modelle der ML-Baureihe mit 4–5 t Nutzlast ausgerüstet, denn ein eigenes Triebwerk dieser Größenordnung stand damals noch nicht zur Verfügung. Mit den Aggregaten des renommierten Herstellers aus Friedrichshafen hatte man jedoch eine hervorragende Wahl getroffen.
Ende der zwanziger Jahre bestand das Angebot aus Autospritzen mit Pumpleistungen zwischen ca. 1000 und 2000 l pro Minute, die Motorleistungen betrugen 55, 70 und 100 PS. Ebenso gab es verschiedene Drehleitermodelle, deren Auszugslängen von 10 m (bei Montageleitern) bis 26 m reichten. Sonderanfertigungen mit größeren Steighöhen waren ebenfalls möglich.
Während die Autospritzen bereits über Luftbereifung verfügten, fand diese Bereifungsart bei den automobilen Drehleitern nur zögerlich Eingang.
Die Leiterfahrzeuge verfügten noch über keine Abstützungen, lediglich die Federabsperrung der Hinterachse diente der Standsicherheit. Durch die Eigenfederung der Luftbereifung wäre die Kippgefahr zu groß gewesen.

Tankspritze mit einem Fassungsvermögen von 3000 l Wasser, gebaut 1936 für die Feuerwehr Bukarest/Rumänien auf dem 105 PS starken Magirus-M 45 S-Fahrgestell. Das offen ausgeführte Fahrzeug verfügte über eine Vorbaupumpe. Die Schiebleiter war seitlich am Tank arretiert, auf welchem Saugschläuche gelagert waren. Obligatorisch die Alarmglocke hinter dem Fahrersitz. (01)

Gasschutzwagen (heutige Bezeichnung Gerätewagen-Atemschutz/GW-A) der Berufsfeuerwehr Berlin aus dem Jahre 1937, erbaut von Magirus/Ulm auf Magirus-M 27-Fahrgestell, ausgerüstet mit dem Sechszylinder-70-PS-S 88 D-Motor mit 4530 cm^3 Hubraum. Der geschlossene Kastenwagen besaß ein Gesamtgewicht von 4100 kg und konnte 2100 kg Zuladung befördern.(06)

Daneben waren aber auch Sonderfahrzeuge wie Aufprotzleitern (damals als Auto-Leiterspritze angeboten), bestückt mit 2000-l-Feuerlöschpumpen und Elastikbereifung, Autotankspritzen mit Wassertanks von bis zu 2200 l Fassungsvermögen, Mannschafts- und Gerätewagen und Pionierwagen im Angebot.
1930 löste eine neue Typenreihe die bisherigen Modelle ab, die nun auf sieben Typen mit unterschiedlichen Motorleistungen und Nutzlasten anwuchs. Als kleinstes Modell wurde der Magirus-Eintonner vom Typ M 10, der zwischen 1932 und 1935 hergestellt wurde, für verschiedene Ausführungen als Motorspritze, Tragkraftspritzenfahrzeug und Tankspritze für Werks- und Betriebsfeuerwehren sowie für die HJ-Feuerwehr gebaut.

Automobiler Schlauchtransportwagen, der 1935 von Magirus unter der Kommissions-Nr. 27453 erbaut und Anfang 1936 von der Berufsfeuerwehr Stuttgart in Dienst gestellt wurde. Als Fahrgestell wurde der Typ M 37 verwendet. Ungewöhnlich war der mittig oberhalb der Frontscheibe angebrachte Suchscheinwerfer. Zeitweise war es üblich, bei Werksaufnahmen den Hintergrund des Fahrzeugs mit großen weißen Laken, oder wie in diesem Fall, mit Platten abzudecken, damit sich das Objekt vorteilhafter gegen den Hintergrund abzeichnete. (01)

Gebräuchlich für Kraftspritzen waren vor allem die Modelle M 27 und M 30, die über 1500-l-Feuerlöschpumpen verfügten und mit 70-PS-Motoren bestückt waren. Aus diesen Spritzen wurde Mitte der dreißiger Jahre die sogenannte „Einheitskraftfahrspritze“ von Magirus entwickelt, die ersten Feuerwehrfahrzeuge, bei deren Fertigung von einer „Serie“ gesprochen werden konnte. Einheitliches Merkmal war eine allseits geschlossene Mannschaftskabine sowie 1500-l-Pumpen entweder im Heck oder als Vorbaupumpe. Auf der Internationalen Automobilausstellung in Berlin 1931 wurde eine Magirus-Ganzstahl-Drehleiter mit K-30-Leitergetriebe vorgestellt, die auf dem schweren 5-t-Fahrgestell des Magirus M 50 L errichtet war.
1933/34 wurde eine neue Dieselmotorenreihe eigener

Magirus M 27 als Autotankspritze mit P V-Pumpe und Vormischer, aufgenommen am 14.6.1938 vor der Auslieferung an die Bayerischen Flugzeugwerke AG (später Messerschmitt), Augsburg, von dem zwei baugleiche Fahrzeuge in Dienst gestellt wurden. Dieses Fahrzeug ist ein weiterer Beweis dafür, daß auch zu diesem Zeitpunkt noch längst nicht alle Feuerwehrfahrzeuge mit geschlossenen Aufbauten gebaut wurden. (01)

Kraftfahrtankspritze Magirus FS 145, geliefert im März 1940 an die Feuerschutzpolizei Hannover. Das in Anlehnung an eine KS 25 gestaltete Fahrzeug besaß einen 2000-l-Wassertank und einen Schaummittelextraktbehälter. (01)

1936
MAGIRUS
Kraftfahrspritzen
und
Mannschaftswagen
MAGIRUS

Magirus-Kraftfahrspritze auf 4–5-to-Magirus-Fahrgestell, gebaut als Reichseinheitsspritze nach den Normen DIN FEN 500 und 510 • Magirus-Feuerlöschpumpe 1500 l/Min. bei 80 m Förderhöhe • Magirus-Sechszylinder-Benzin- oder Dieselmotor 70 PS • Aufbau limousinenartig geschlossen für 9 Mann.

Magirus-Kraftfahrspritze auf 5–6-to-Magirus-Fahrgestell, gebaut als Reichseinheitsspritze nach den Normen DIN FEN 520 • Magirus-Feuerlöschpumpe 2500 l/Min. bei 80 m Förderhöhe. • Magirus-Sechszylinder-Benzin- oder Dieselmotor 110 PS • Aufbau limousinenartig geschlossen für 11 Mann.

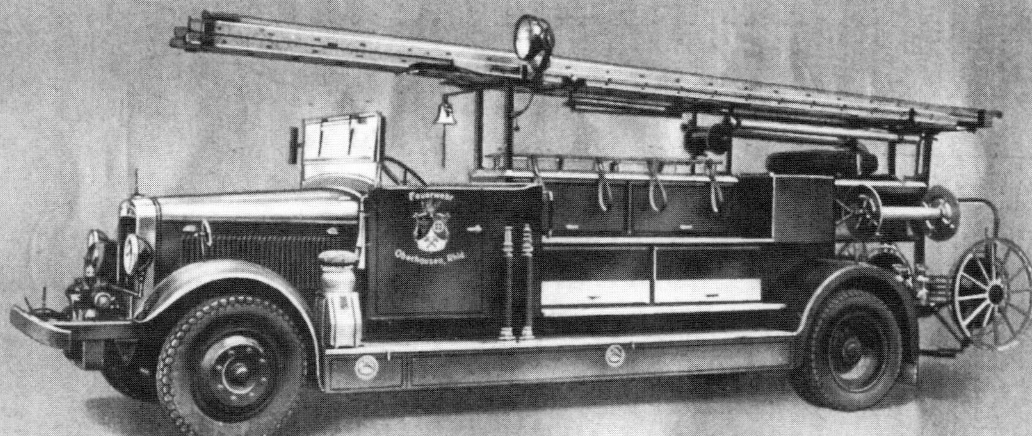

Magirus-Kraftfahrspritze auf 3–4-to-Magirus-Fahrgestell • Magirus-Feuerlöschpumpe 1500 l/Min. bei 80 m Förderhöhe • Magirus-Luftschaumpumpe für 2000–2500 l Schaum je Minute, vor dem Kühler eingebaut • Magirus-Sechszylinder-Benzin- oder Dieselmotor 70 PS • Mannschafts-Sitzbänke in Längsanordnung für 11 Mann Besatzung.

Magirus-Kraftfahrspritze, leichtere Bauart, auf 3–4-to-Magirus-Fahrgestell • Magirus-Feuerlöschpumpe 1500 l/Min. bei 80 m Förderhöhe, vor dem Kühler eingebaut • Magirus-Sechszylinder-Benzin- oder Dieselmotor 70 PS • Aufbau in Anlehnung an die Normen limousinenartig geschlossen für 11 Mann. Hinterer Geräteraum zum Mitführen einer tragbaren Kraftspritze Größe III 800 l/Min.

Magirus-Kraftfahrspritze kleineres Modell auf 2–3-to-Magirus-Fahrgestell • Magirus-Feuerlöschpumpe 1200 l/Min. bei 80 m Förderhöhe, vor dem Kühler gelagert • Magirus-Vierzylinder-Dieselmotor 45 PS • Aufbau mit Quersitzbänken für 11 Mann • Ein für den Werksfeuer- und Luftschutz bevorzugter Typ.

Magirus-Straßensprengwagen auf 6–7-to-Magirus-Fahrgestell • Magirus-Sechszylinder-Benzin- oder Dieselmotor 110 PS, mit Feuerlöscheinrichtung, Wassertank 5000 l Inhalt, Spreng- und Spüldüsen.

Magirus-Tankwagen auf 4–5-to-Magirus-Fahrgestell zum Schutze wasserarmer Gegenden • Magirus-Sechszylinder-Benzin- oder Dieselmotor 70 PS • Wasserbehälter 1500 l Inhalt, tragbare Kraftspritze Größe III 800 l/Min., Luftschaumeinrichtung, Schlauchwagen usw. • Aufbau limousinenartig geschlossen für 7 Mann.

Magirus-Bereitschaftswagen für 33 Mann Besatzung auf 4–5-to-Magirus-Fahrgestell • Magirus-Sechszylinder-Benzin- oder Diesel-Motor 70 PS.

Magirus-Rüstwagen auf 4–5-to-Magirus-Fahrgestell • Magirus-Sechszylinder-Benzin- oder Dieselmotor 70 PS • Aufbau limousinenartig geschlossen, geräumige Magazine zur Mitnahme aller nur erdenklichen Werkzeuge, Aufräumungs- und Gasschutzgeräte für den Brand- und Luftschutz, mit Rauchabsaugeanlage, elektr. Scheinwerfern usw. sowie mit Spill für 3000 kg Zugkraft.

Magirus-Kraftfahrspritze auf 4–5-to-Magirus-Fahrgestell • Magirus-Feuerlöschpumpe 1500 l/Min. bei 80 m Förderhöhe, vor dem Kühler eingebaut • Magirus-Sechszylinder-Benzin- oder Dieselmotor 70 PS • Längssitzbänke und aufgeprotzte zweirädrige Magirus-Patent-Ganzstahlleiter 24 m Steighöhe. Die Leiterbewegungen erfolgen durch einen besonderen Benzinmotor.

Technische Höchstleistungen finden überall Anerkennung!

Unsere jahrzehntelangen Erfahrungen im Feuerlöschgeräte-Bau geben die Gewähr, daß wir allen Anforderungen und Wünschen unserer Kunden gerecht werden können. Bitte fordern Sie unser ausführliches Sonderangebot!

Magirus-Revisions-Wagen auf 2–3-to-Magirus-Fahrgestell • Magirus-Vierzylinder-Dieselmotor 45 PS • Ein Spezialfahrzeug zur Prüfung von Motorspritzen mit vollständig eingerichteter Werkstatt, sämtlichen Ersatzteilen für Motoren und Pumpen, Prüfungs- und Meßinstrumenten, ferner mit Schlafeinrichtung für die Monteure.

Magirus-Krankenwagen auf 2–3-to-Magirus-Fahrgestell • Magirus-Sechszylinder-Benzin- oder Dieselmotor 70 PS • Für 2 Krankentragen, mit Wascheinrichtung, Medikamentenschrank, Lehnsessel und Sitzen für Begleiter und Leichtverletzte

Magirus-Kraftfahrspritze auf 5–6-to-Magirus-Fahrgestell • Magirus-Feuerlöschpumpe 2500 l/Min. bei 80 m Förderhöhe mit Luftschaumeinrichtung, vor dem Kühler eingebaut • Magirus-Sechszylinder-Benzin- oder Dieselmotor 110 PS • Aufbau limousinenartig geschlossen für 11 Mann.

Magirus-Kraftfahrspritze auf 5–6-to-Magirus-Fahrgestell • Magirus-Feuerlöschpumpe 2500 l/Min. bei 80 m Förderhöhe • Magirus-Luftschaumpumpe 2000 l Schaum je Minute, vor dem Kühler eingebaut • Magirus-Sechszylinder-Benzin- oder Dieselmotor 110 PS • Aufbau limousinenartig geschlossen für 11 Mann.

Magirus-Pionierwagen auf 6-to-Magirus-Fahrgestell • Magirus-Sechszylinder-Benzin- oder Dieselmotor 110 PS • Aufbau limousinenartig geschlossen für 11 Mann • Motorisch betriebene Seilwinde 3 to und Kran für 3000 kg Tragfähigkeit • In den geräumigen Magazinen und auf dem Zweiradanhänger sind Werk- und Schanzzeuge aller Art, Rauchabsaugeanlage, 1 elektr. Lichtaggregat, Scheinwerfer usw. untergebracht.

Pionierwagen der Berufsfeuerwehr München aus dem Jahr 1936. Verwendet wurde das 4,5-t-Fahrgestell des Magirus M 45 mit 100-PS-Sechszylinder-Dieselmotor, das eine Rahmentragfähigkeit von 6,5 t besaß. Am Rahmenende des Fahrzeugs war eine Seilwinde mit Kran für 3 t Zug- bzw. Hubkraft eingebaut. Zur Unterbringung der umfangreichen Beladung war der abgebildete große Einachsanhänger notwendig. (01)

Konstruktion vorgestellt, die den bisherigen Maybach-Motor ablösen sollte. Diese Motoren wurden in die bekannten Typen M 27, M 30, M 40, M 45 und M 50 eingebaut.
1936 erfolgte die Fusion mit der Klöckner-Humboldt-Deutz-Motoren AG. 1938 firmierte daher das Unternehmen unter der Bezeichnung Klöckner-Humboldt-Deutz AG.
Die ersten Fahrzeugtypen, in denen Deutz-Dieselmotoren Verwendung fanden, waren die 4,5- bzw. 5-Tonner L 145/L 150, deren Produktion 1938 anlief. Das Reichsluftfahrtministerium (RLM) beschaffte ab Mitte der dreißiger Jahre Kraftfahr-Drehleitern mit 26 m Auszugslänge, u.a. auch auf dem Magirus-Deutz-FL 145. Ebenso stellte man Kraftfahrspritzen (KS) 25 in der Zeit von 1938–1940 in an-

Löschgruppenfahrzeug LF 25, aufgebaut auf S 6000-Fahrgestell von Magirus mit 125-PS-Sechszylinder-Reihenmotor, als Ausstellungsfahrzeug für die Internationale Automobil-Ausstellung IAA, Frankfurt, aufgenommen am 14.4.1951. Nach dem Kriege wurden nur ganz wenige LF 25 bzw. 32 gebaut und vornehmlich exportiert. Die Aufnahme entstand an der klassischen Fotostelle für Magirus-Werksaufnahmen, am Donauufer mit dem Ulmer Münster im Hintergrund. (01)

Tanklöschfahrzeug TLF 15 auf wassergekühltem Magirus-S 3000-Fahrgestell mit Truppfahrerhaus und offenliegendem Tank. Die Konstruktion lehnte sich an die während des Krieges gefertigte Tankkraftspritze TSH 515 an. Das vom Kreisverband Schwäbisch Hall beschaffte Fahrzeug wurde vermutlich aus den Teilen reparaturbedürftiger Fahrzeuge oder aus Restteilen zusammengebaut und blieb ein Einzelstück. Die Aufnahme entstand am 21.4.1948. (01)

Exportfahrzeuge für die Feuerwehr der iranischen Hauptstadt Teheran im Dezember 1950 vor dem Ulmer Münster. Links ein TLF 15/48 mit heckseitig offenem Pumpenstand. Daneben eine Drehleiter DL 25 mit mechanischem Leiterantrieb, Staffelkabine und Vorbaupumpe. Für beide Fahrzeuge wurde das Magirus-S 3500-Fahrgestell verwendet. (01)

sehnlichen Stückzahlen her. Unter der gewaltigen Motorhaube befand sich ein wassergekühlter Sechszylinder-Diesel-Reihenmotor von Deutz mit 9123 cm^3 Hubraum und 125 PS.

Die Typenbezeichnung der für Drehleitern verwendeten Fahrgestelle, lautete „FL"; die der übrigen Feuerwehrfahrzeugvarianten, also Löschfahrzeuge, Schlauchwagen und andere „FS".

Darüber hinaus wurden aber auch einige Rüstkranwagen, Schlauchkraftwagen, Pionierwagen und Tankspritzen auf schwere Magirus-Fahrgestelle gebaut. Im Rahmen der von der Reichsregierung erlassenen Typenbeschränkungen im Fahrzeugbau fiel der Klöckner-Humboldt-Deutz AG (KHD) die Fertigung eines 3- und 4,5-Tonnen-Lastwagentyps zu.

Gasschutzwagen auf 80-PS-S 3000-Fahrgestell mit Kofferaufbau der Firma Gaubschat, Berlin, aus dem Jahre 1942. Das Fahrzeug befand sich seit dem 15.9.1944 bei der Berufsfeuerwehr Düsseldorf im Dienst und wurde später zum Generatorwagen (nächste Aufnahme) umgebaut. (10)

Generatorwagen (ex. Gasschutzwagen) nach dem Umbau am 27.4.1958, der über eine Leistung von 220 V/18 A/ 4 KvA verfügte. Zu diesem Zweck ersetzte man den alten Aufbau durch einen noch vorhandenen Wehrmachtseinheitskoffer. Als Vorbau diente ein Gleichstrom-Nebenanschluß-Generator, der von der Düsseldorfer Kraftfahrdrehleiter DL 4 (Magirus M 45) nach deren Ausmusterung komplett mit Stoßstange abgebaut wurde. Der Generatorwagen wurde am 18.3.1965 außer Dienst gestellt. (10)

Magirus S 3000 nach dem am 12.5.1959 beendeten Umbau mit Total-Pulverlöschanlage mit 750 kg BCE-Pulverinhalt. Das von einem wassergekühlten Vierzylinder-80-PS-Motoraggregat angetriebene 1942 gebaute Fahrgestell wurde der Düsseldorfer Feuerwehr nach Kriegsende von der Britischen Militärverwaltung zugeteilt. Am 10.12.1965 wurde dieses Pulverlöschfahrzeug außer Dienst genommen. Der Aufbau wurde für das TroLF 750-2 (Rundhauber-Fahrgestell) mit dem polizeilichen Kennzeichen D-2398 verwendet. (10)

Tanklöschfahrzeug TLF 15, in der vom Bundesland Hessen beschafften Ausführung, aufgenommen am 5.6.1950. Von diesen sog. „Hessen-TLF“ wurden 20 Exemplare auf Magirus- und Daimler-Benz-Fahrgestellen an verschiedene Stützpunktfeuerwehren dieses Bundeslandes geliefert. Die Entwicklung dieser Fahrzeuge, einer Kreuzung zwischen TLF und LF, ging auf den damaligen hessischen Landesbranddirektor Noehl zurück, der diese mit Druckluftanlagen und Vorbaupumpen ausrüsten ließ. Hier die Magirus-Ausführung auf S 3500-Fahrgestell. (01)

Löschgruppenfahrzeug LF 15-TS (mit eingeschobener Tragkraftspritze), damals unter der Werksbezeichnung LF 15 VS (V = Vorbaupumpe, S = Sonderausführung) gefertigt, mit Magirus-Aufbau, das nach Entwurf des dortigen Kreisbrandmeisters Fritz Riehlein in Zusammenarbeit mit der Firma Köpf, Schemmerberg entstand. Das am 18.9.1951 fotografierte Fahrzeug wurde an den Kreisfeuerlöschverband Biberach, Freiwillige Feuerwehr Ochsenhausen, geliefert und besitzt einen einteiligen Aufbau ohne Dehnfuge. Als Fahrgestell wurde das des Magirus S 3500 (wie für das Standard-TLF 15/50) verwendet. (01)

Kommandowagen der Berufsfeuerwehr Köln auf einem wassergekühlten Magirus-S 3000-Fahrgestell aus der Kriegszeit in einer 1956 entstandenen Aufnahme. Das Fahrgestell wurde mit einem geräumigen Nachkriegs-Kofferaufbau versehen und besaß einen auf dem Dach installierten Lautsprecher. (13)

Sonderfahrzeuge der Berufsfeuerwehr Köln. Von links: Pionierwagen, aufgebaut von der Kölner Karosseriefirma Peter Bauer, auf Magirus A 3500 mit Truppfahrerhaus für drei Mann Besatzung; Wasserrettungs- u. Gasschutzwagen auf gleichem Fahrgestell und Schlauchwagen S 4,5 auf Mercedes-Benz-L 3750-Chassis. Während die ersten beiden Fahrzeuge aus Nachkriegsbeschaffungen stammten, wurde der Schlauchwagen bereits ca. 1940 gebaut. (13)

Magirus S 3500-LF 15 in Sonderausführung von Magirus von ca. 1954, aufgenommen bei der Berufsfeuerwehr Hamburg. Auffällig ist nicht nur der von der Standard-LF-Ausführung abweichende, abgesetzte Aufbau mit Dehnfuge hinter dem Mannschaftsraum, sondern auch die Beschaffung dieses Rundhaubers für die Hamburger Feuerwehr, denn in der Nachkriegszeit wurden fast nur Feuerwehrfahrzeuge auf Daimler-Benz-Fahrgestellen geordert. (12)

Löschgruppenfahrzeug LF 15-TS auf S 3500/42-Fahrgestell von Magirus in einer Aufnahme vom 26.7.1953, das vom Kreisverband Saulgau, Freiwillige Feuerwehr Mengen, beschafft wurde. Dieses mit einer 1500-l-Vorbaupumpe ausgerüstete Fahrzeug wich in seiner Aufbaugestaltung ebenfalls von der üblichen Serienausführung ab, was sich vor allem im Bereich der Frontscheibe, der Seitentüren und im einteiligen Aufbau ohne Dehnfuge ausdrückte. Ungewöhnlich auch die Ausrüstung mit einem zweiten Arbeitsstellenscheinwerfer. (01)

Tanklöschfahrzeug TLF 15-S 4 auf Magirus-S 3500; geliefert im September 1953 für einen Militärflughafen der US Air Force. Insgesamt wurden 14 baugleiche Fahrzeuge in Dienst gestellt, wovon nach Außerdienststellung auch einige Fahrzeuge an freiwillige Feuerwehren verkauft wurden. Heckseitig war ein Trittbrett für mitfahrende Löschmannschaften angebracht. Typisch amerikanisch war die seitlich offene Anordnung der Bedienarmaturen. (01)

1940 wurde der bisherige Magirus M 30 (noch mit Magirus-Dieselmotor) vom neuen KHD 3-Tonnen-Typ S 330 abgelöst. Angetrieben wurde dieses Modell von einem wassergekühlten 80-PS-Vierzylinder-Diesel von Deutz mit 4942 cm^3 Hubraum. Es war eine sehr gelungene Konstruktion, die in großer Stückzahl produziert wurde. Das bald als S 3000 (bzw. A 3000 bei Allradantrieb) bezeichnete Fahrgestell fand vor allem für Schwere Löschgruppenfahrzeuge (SLG) – später LF 15-Aufbauten Verwendung. Ebenso wurden Schwere Schlauchkraftwagen (SSK), später als S 3 bezeichnet, darauf aufgebaut. Von der Schweren Drehleiter (SDL) mit 22 m Steighöhe entstanden hingegen nur eine Handvoll Exemplare.
Das S-3000-Fahrgestell von Magirus wurde auch für die für den Feuerschutz der Fliegerhorste entwickelten Flieger-

Einen besonders kraftvollen und wuchtigen Eindruck vermittelt dieses am 6.4.1954 aufgenommene und für die US-Streitkräfte bestimmte Flugfeld-Löschfahrzeug FLF 25 auf dem schweren Magirus-A 6500-Allradfahrgestell, das von einem luftgekühlten Achtzylinder-Dieselmotor mit 170 PS bewegt wurde und über 4000 l Wasservorrat und 1000 l Schaummittel verfügte. Einige Ausrüstungsmerkmale sind das Wenderohr auf dem Kabinendach, seitlicher, offener Bedienstand und Sirene. Ein solches Fahrzeug stand noch bis vor einigen Jahren, als wohl letztes seiner Art in Deutschland, bei den US-Streitkräften Hanau-Erlensee im Einsatz. (01)

Eine Serie von fünf Tanklöschfahrzeugen TLF 15-S 4 am 9.1.1953 in Fotoposition vor der Ablieferung an die US Air Force in Hanau. Die Abbildung entstand auf dem Vorhof des in französischem Barockstil gehaltenen Schlosses Philippsruhe in Hanau. (01)

kraftfahrspritzen FlKS 15 verwendet, die auf dem kurzen 3,70-m-Fahrgestell ab 1942 gebaut wurden.
Bei vielen Fahrzeugen variiert die Typenbezeichnung S 330 und S 3000 zwischen Typschild und Fahrzeugpapieren.

Der Zeitpunkt der endgültigen Umbezeichnung läßt sich daher kaum mehr ermitteln. Als 4,5-Tonner wurde der Typ GS 145 als Gemeinschaftsprojekt von den Firmen Magirus, Henschel, Saurer/Österreich und MAN entwickelt. Zwischen 1941 und 1943 wurde dieses von einem 125-PS-Sechszylinder-Dieseltriebwerk mit 7226 cm^3 Hubraum angetriebene Modell unter der Typbezeichnung S 4500 hauptsächlich für Feuerwehraufbauten verwendet. Vorzugsweise wurden Aufbauten von Großen Löschgruppenfahrzeugen (GLG), KS 25, beide später als LF 25 bezeichnet, Großen Drehleitern (GDL), später DL 32, und Großen Schlauchkraftwagen (GSK), später S 4,5, auf dieses Fahrgestell aufgebaut.
1946 nahm Klöckner-Humboldt-Deutz (KHD) mit dem 3-Tonnen-Typ S 3000 die Lastwagenproduktion in beschei-

FLF 25 auf Magirus-A 3500-Allradfahrgestell in einer Sonderausführung für die französische Luftwaffe. Das mit einer 5-t-Vorbauseilwinde ausgerüstete Fahrzeug besaß das zur damaligen Zeit übliche gelbe Klappdreieck auf dem Dach des Fahrerhauses, das darauf hindeutet, daß das Mitführen eines Anhängers vorgesehen war. (01)

Flugfeld-Löschfahrzeug FLF 25 auf Magirus-A 3500-Fahrgestell, aufgenommen am 19.3.1953. Auf dem Aufbaudach sind Kohlensäureflaschen zu erkennen. Im hinteren Kabinenteil befand sich eine Dachluke, aus der der Werfer vom Mannschaftsraum aus bedient werden konnte. (01)

denem Umfang wieder auf. Anfangs wurden diese Fahrzeuge noch mit dem wassergekühlten F 4 M 513-Motor gebaut. Ab 1947 wurde versuchsweise ein im Jahre 1944 entwickelter luftgekühlter Vierzylinder-Dieselmotor eingebaut, der im folgenden Jahr für die Serienproduktion verwendet wurde. Die Motorleistung des luftgekühlten F 4 L 514-Deutz-Aggregats betrug 75 PS; der Hubraum 5322 cm^3. 1948 wurde die Nutzlast auf 3,5 t erhöht und die Fahrzeuge unter der Bezeichnung S 3500 angeboten. Ebenfalls 1948 brachte Magirus das Tanklöschfahrzeug TLF 15/48 auf den Markt, das im Gegensatz zu den während der Kriegszeit gebauten Tanklöschfahrzeugen TLF 15/43 über eine Staffelkabine und einen von Gerätekästen seitlich umbauten 2400-l-Wassertank verfügte.

Drehleitern mit Steighöhen von 17–25 m wurden ebenfalls auf S 3000/S 3500-Fahrgestelle aufgebaut. Im Juni 1948 wurde – als erste Drehleiter nach dem Kriege überhaupt – eine DL 22 mit mechanischem Antrieb vorgestellt. Anfangs

FLF 25-V auf Magirus-F-Mercur-125 A-Fahrgestell aus dem Jahre 1958, beschafft für die DDR-Luftverkehrsgesellschaft Interflug, Flughafen-Berlin-Schönefeld. Die Beladung bestand aus 2000 l Wasser, 250 l Schaummittel und 180 kg Kohlendioxid. (01)

1957 lieferte Magirus einen kompletten Löschzug an den uruguayischen Flughafen Carrasco der Hauptstadt Montevideo, der nach einheitlichen Richtlinien entwickelt worden war. Alle drei Fahrzeuge besaßen auf jeder Seite Schnellangriffseinrichtungen für Wasser, Schaum und Kohlensäure und auf dem Dach einen kombinierten Schaum-/Wasserwerfer. Vor der Verschiffung fand am 25.4.1957 auf dem Stuttgarter Flughafen Echterdingen ein Fototermin statt. Diese Abbildung zeigt das Vorausfahrzeug FLF 25 V auf Magirus-F-Mercur-125 A-Fahrgestell, das mit einer 2500-l-Heckpumpe, 2500 l Wasservorrat, 250 l Schaummittel und 170 kg Kohlensäure ausgerüstet war. (01)

Hier das FLF 25 M (Mittelfahrzeug), ebenfalls mit heckseitig eingebauter 2500-l-Feuerlöschkreiselpumpe. Als Fahrgestell diente das schwere mit Achtzylinder-Triebwerk ausgestattete Chassis des Magirus A 7500 mit 170 PS Leistung. 3500 l Wasser, 350 l Schaummittel und 9 Flaschen Kohlensäure zu je 28 kg waren als weitere Beladung vorhanden. (01)

Das ungewöhnlichste Fahrzeug dieser Lieferung war zweifellos das FLF 25 S (Sattelschlepper), dessen Sattelauflieger von der Firma Kässbohrer hergestellt worden war, in dessen Heck sich die 2500-l-Kreiselpumpe befand, die vom Motor der Zugmaschine angetrieben wurde. Auch in diesem Fall wurde das schwere A 7500-Fahrgestell verwendet. Die Beladung des Aufliegers lautete wie folgt: 8000 l Wasser, 800 l Schaummittel und 32 Flaschen Kohlensäure zu je 28 kg. (01)

Löschgruppenfahrzeug LF 8 schwer mit Aufbau der Firma Jacob & Söhne, Saarbrücken, aufgenommen 1984 bei der Freiwilligen Feuerwehr Wallerfangen/Saarland. Das 1955 erbaute Fahrzeug wurde auf dem Magirus-S 3500-Fahrgestell errichtet. Bekanntlich wurden relativ selten Feuerwehr-Fremdaufbauten auf Magirus-Fahrgestelle gebaut. (17)

wurden die Drehleitern noch mit dem während des Krieges üblichen Truppfahrerhaus, ab etwa 1948 aber durchweg mit Staffelkabine geliefert.

1950 erschien das bisher in halboffener Bauweise gefertigte TLF 15 in einer neugestalteten, omnibusähnlichen Bauform und mit völlig geschlossener Karosserie als TLF 15/50 auf dem Markt. Die gesamte Beladung, einschließlich der Steckleiterteile und Schnellangriffshaspeln, wurde innerhalb des Aufbaus untergebracht. Die Kühlerblende stand leicht schräg, die bisherigen Kanten wichen weichen Rundungen. Während die neue Kabine des TLF 15/50 mit der geteilten Windschutzscheibe und ge-

Hier die seltene Form eines von Metz, Karlsruhe, auf Magirus F 125 Mercur aufgebauten Tanklöschfahrzeugs TLF 15 mit Amag-Hilpert-Feuerlöschpumpe von 1955. Der seinerzeit von der Berufsfeuerwehr Nürnberg beschaffte Feuerwehrwagen stand im Jahre 1983 bei der Werksfeuerwehr der Firma Stabernak-Verpackungen, Werk Lauterbach, im Einsatz. (17)

rundeter Front 1951 auch für die aus der DL 22 neu geschaffenen DL 25 verwendet wurde, blieb das LF 15 bis 1952 mit dem nur im Detail geänderten Aufbau der Kriegszeit im Programm. Der F 4 L 514-Motor leistete ab 1950 durch Detailmodifikation 90 PS.
1950 erschien mit einem Sechszylinder-Reihenmotor vom Typ F 6 L 514 mit 125 PS das Fahrgestell des S 6000, das nur für Feuerwehraufbauten verwendet wurde. Auf diese Fahrgestelle wurden insgesamt 14 Fahrzeuge aufgebaut, davon einige wenige Drehleitern und verschiedene Rüstkranwagen RKW 7.
Damit war der Feuerwehrbereich Vorreiter für die

In Eigenleistung aus einem LF 16 entstand dieser Gerätewagen-Öl der Berufsfeuerwehr Herne. Der Mannschaftsraum wurde zu einem Geräteraum umgestaltet und – ebenso wie der ursprüngliche Geräteraum – mit Rolläden versehen. Der 1960 gebaute Feuerwehrwagen entstand auf dem Magirus-F-Mercur-125-Fahrgestell mit luftgekühltem F 6 L 614-Sechszylinder-Dieselaggregat und besaß eine Vorbauseilwinde. (17)

Magirus F Mercur 125 als Trocken-Tanklöschfahrzeug TroTLF 16/22-T mit Truppkabine und 2200 l Wassertank. Das Fahrzeug mit Magirus-Aufbau erhielt eine Total-Pulverlöschanlage mit 750 kg Inhalt und wurde 1961 von der Berufsfeuerwehr Herne in Dienst gestellt. Die Aufnahmen der auf dieser Seite abgebildeten Fahrzeuge entstanden im September 1981. (17)

Tanklöschfahrzeug TLF 5000, mit 5000 l Wassertankinhalt, aufgebaut auf Magirus-A 7500-Allradfahrgestell. Dieses am 29.1.1958 fotografierte Fahrzeug wurde an die Feuerwehr La Linea ausgeliefert. (01)

Dieses 1954 für die Feuerwehr Santa Cruz gebaute TLF 3000 besaß einen sehr schmalen Tankaufbau mit offenen Armaturen am Heck. Beidseitig seitlich am Tankaufbau waren Schlauchhaspeln angebracht. Das verwendete Fahrgestell des S 3500 war mit einer luftgekühlten Vierzylinder-Deutz-Dieselmaschine mit 85 PS ausgerüstet. (01)

Fahrzeugentwicklung, denn einen entsprechenden Lastwagen dieser 6-t-Nutzlastklasse gab es zu dieser Zeit noch nicht.

Im Jahre 1952 begann bei Magirus mit der Vorstellung eines überarbeiteten TLF 15/50 die Ära der Rundhauber-Fahrzeuge. Diese optisch sehr fortschrittlichen Modelle sind aus der Geschichte des Feuerwehrfahrzeugbaus der Nachkriegszeit nicht wegzudenken.

Während bei den bereits mit den neuentwickelten Kabinen produzierten TLF 15 und DL 25 lediglich die Frontpartie, d.h. Motorhaube, Kotflügel mit eingelassenen Scheinwerfern und Stoßstange neu waren, stellte das Löschgruppenfahrzeug LF 15 eine „echte" Neuentwicklung dar. Der Auf-

bau war analog zum TLF 15/50 in der modischen Omnibuslinie gehalten; die Dehnfuge befand sich jedoch zwischen den Mannschaftsraumtüren. Als Motorisierung stand nun optional ein neuentwickelter luftgekühlter V-6-Dieselmotor vom Typ F 6 L 614 mit 125 PS zur Verfügung, für dessen Unterbringung ja letztlich die runde Haube eingeführt wurde. Dieser Motor setzte sich rasch durch und ließ im Laufe des Jahres 1954 das Vierzylinder-Aggregat aus dem Programm verschwinden.
Bereits 1951 hatte Magirus das schwere S 6500-Fahrgestell im Rundhauber-Design vorgestellt, mit einem ebenfalls neuen V-8-Motor F 8 L 614 mit 170 PS. Auf solch schwere Fahrgestelle wurden Drehleitern ab 30 m Aus-

Rüstkranwagen RKW 7 mit 7-t-Krananlage, geliefert 1952 an die Feuerwehr Montevideo/Uruguay. Man beachte die Sirene auf dem rechten vorderen Kotflügel. Dieses Modell war mit dem luftgekühlten Achtzylinder-V-Motor F 8 L 614 bestückt, der über einen Hubraum von 10644 cm³ verfügte und 170 PS bei 2300 U/min leistete. (01)

Pionierwagen der Berufsfeuerwehr München auf Magirus-F-Jupiter-Fahrgestell von 1957. Das in Ganzstahlbauweise ausgeführte und in einer Art Omnibusbauform gestaltete Fahrzeug besaß einen Mannschaftsraum, der äußerlich in den Geräteaufbau integriert war. Heckseitig befand sich ein klappbarer Hilfskran von max. 2 t Tragfähigkeit. (01)

Diese Aufnahme zeigt das Einzelstück eines TLF 16 auf Magirus-F 125-Mercur-Fahrgestell mit Metz-Aufbau. Das Fahrzeug wurde 1956 an die Freiwillige Feuerwehr Mettlach/Saar geliefert. Der Sauganschluß befand sich unterhalb der Stoßstange auf der Fahrerseite. Welche Gründe für die Beschaffung dieses sehr formschönen Metz/Magirus seinerzeit maßgebend waren, ist leider nicht überliefert. Im Jahre 1990 stand das Fahrzeug noch im Einsatz. (02)

Metz-Werksaufnahme einer mechanischen Drehleiter DL 37 + 2 m Handauszug, die im Dezember 1954 an die Berufsfeuerwehr Hannover geliefert wurde. Das Fahrzeug war auf dem schweren Magirus-S 6500-Chassis mit 170-PS-Maschine aufgebaut und besaß ein zulässiges Gesamtgewicht von 13,8 t. Die eingebaute Fahrstuhleinrichtung bewährte sich nicht sonderlich und wurde daher nach einigen Jahren abgebaut. Außerdem konnte die Drehleiter als Kran mit 400 kg Hubkraft verwendet werden. Das am 8.1.1955 in Dienst gestellte Fahrzeug wurde bis 1972 als erste Drehleiter des Löschzuges der Feuerwache 1 eingesetzt und diente danach – bis 1978 – als Reservefahrzeug. Die Drehleiter gehört heute dem Museumsbestand der Feuerwehr an. (02)

TroTLF 16 (Trowa) mit Magirus-Aufbau und Total-Pulverlöschanlage mit 750 kg Inhalt, das 1961 von der Berufsfeuerwehr München beschafft wurde. Bevor das Fahrzeug 1975 an die Feuerwehr Wartenberg-Angersbach verkauft wurde, diente es mit ausgebauter Pulverlöschanlage noch bei der Freiwilligen Feuerwehr München. Als Fahrgestell wurde das Allradchassis des Magirus F Mercur 125 A verwendet. Als der Wagen am 7.4.1990 abgelichtet wurde, waren auf dem Tacho 19516 Kilometer abzulesen. (17)

Aus einem 1959 von der Berufsfeuerwehr Essen beschafften Pulverlöschfahrzeug (PLF) 1500, das auf dem F-Mercur-125 A-Fahrgestell von Magirus aufgebaut war, entstand 1980 durch Umbau der hier abgebildete Lastkraftwagen. Der Allradantrieb begünstigte die vielseitige Verwendbarkeit des Fahrzeugs. (17)

Hier das am 24.2.1959 aufgenommene Pulverlöschfahrzeug der Berufsfeuerwehr Essen, das mit zwei Total-Pulverlöschanlagen mit jeweils 750 kg Inhalt ausgestattet war. Jede Anlage hatte einen eigenen Bedienstand auf der Beifahrerseite. Das Fahrzeug wurde später zu einem Lastkraftwagen umgebaut (siehe vorhergehende Abbildung). (01)

zugslänge, Rüstkranwagen (RKW) 7 und 10, sowie einige wenige Löschgruppenfahrzeuge LF 25 bzw. 32, die ausschließlich in den Export gingen, aufgebaut.

Feuerwehrfahrzeuge mit Allradantrieb wurden im Gegensatz zum normalen Lkw-Bereich grundsätzlich mit der runden Haube ausgerüstet, obwohl die Verwindungen im Gelände teilweise erheblich sein konnten.

Diese Belastungen waren aber bei Feuerwehreinsätzen wohl doch geringer und z.B. mit jenen im Baustelleneinsatz nicht vergleichbar. Zivile Allradfahrzeuge wurden aus diesen Gründen ab 1953 mit eckiger Haube ausgeführt.

Auf Rundhauber-Fahrgestelle wurden neben LF 15, LF 15-TS, LF 16, LF 16-TS, TLF 15, TLF 16, TLF 15-T, TLF 16-T,

Zumischer-Löschfahrzeug ZLF 25 in einer am 28.7.1958 entstandenen Magirus-Werkaufnahme auf F-Mercur-125-Fahrgestell. Dieses Sonderlöschfahrzeug wurde von der Werksfeuerwehr der Deutschen Shell AG, Raffinerie Harburg, in Dienst gestellt. Bedienstand und Pumpenabgänge befanden sich an der Fahrerseite. (01)

Drehleitern DL 18, 25, 30, 37, 44 und 50 auch LF 25 und 32 (Export), Schlauchwagen, Rüstkranwagen 7 und 10, Flugplatzlöschfahrzeuge FLF 25, Pulverlöschfahrzeuge (PLF/TroLF), Trocken-Tanklöschfahrzeuge (TroTLF), Gerätewagen, Hilfsrüstwagen sowie weitere Sonderfahrzeuge erstellt.

Zu dieser Kategorie zählen vor allem die vielen unterschiedlichen Sonderlöschfahrzeuge der Industrie. Die Beladung dieser Fahrzeuge bestand überwiegend aus Sonderlöschmitteln wie Schaummittel oder Löschpulver. Sehr verbreitet waren die Zumischer-Löschfahrzeuge (ZLF), für die schwere Magirus-Fahrgestelle verwendet wurden.

Mitte der fünfziger Jahre wurden die bisherigen Typbe-

Pionierwagen wurden in den ersten Nachkriegsjahren von größeren Feuerwehren für den Bereich der technischen Hilfeleistung in Dienst gestellt. Das auf dieser Seite abgebildete Fahrzeug wurde von der Berufsfeuerwehr Köln in der ersten Hälfte der fünfziger Jahre beschafft und war auf Magirus-A 3500-Allradfahrgestell aufgebaut. Den Aufbau besorgte die Firma Peter Bauer, Köln. Der Wagen besaß ein Truppfahrerhaus für drei Mann Besatzung und war mit einem Stromgenerator (die Schalttafel befand sich im Geräteraum hinten rechts) und anderem technischem Gerät ausgerüstet. Der äußerlich verrundete Gerätekofferaufbau zeichnete sich durch die vielen kleinen Türen negativ aus, die im Einsatz behindern konnten. Die untere Aufnahme zeigt eine elektrisch betriebene Umfüllpumpe, wie sie zum Umfüllen von Mineralöl oder Säuren aus beschädigten Behältnissen benutzt wird und dokumentiert damit, daß das Pionierfahrzeug auch als „Ölwagen" eingesetzt wurde. (beide 13)

Zubringer-Löschfahrzeug ZB 5/25 mit 5000 l Wasservorrat, Schaummittel und 2500-l-Feuerlöschkreiselpumpe als Flugplatzlöschfahrzeug, geliefert im März 1956 an den peruanischen Verkehrsflughafen Limatambo. Auf dieser Aufnahme ist das Werferstahlrohr noch nicht montiert. Als Fahrgestell wurde das A 7500-Allradchassis verwendet. (01)

Zumischerlöschfahrzeug ZLF 5500 mit 5500 l Schaummittel, geliefert im Mai 1960 an die Werksfeuerwehr Purfina Mineralölraffinerie AG, Duisburg. Dieses auf Magirus-Jupiter-Fahrgestell aufgebaute Raffinerie-Sonderlöschfahrzeug fungierte nur als Zumischer, um die Ringleitungen der Tanklager bei entsprechendem Wasserdruck mit Schaummittel zu speisen. (01)

FEUERWEHRFAHRZEUGE

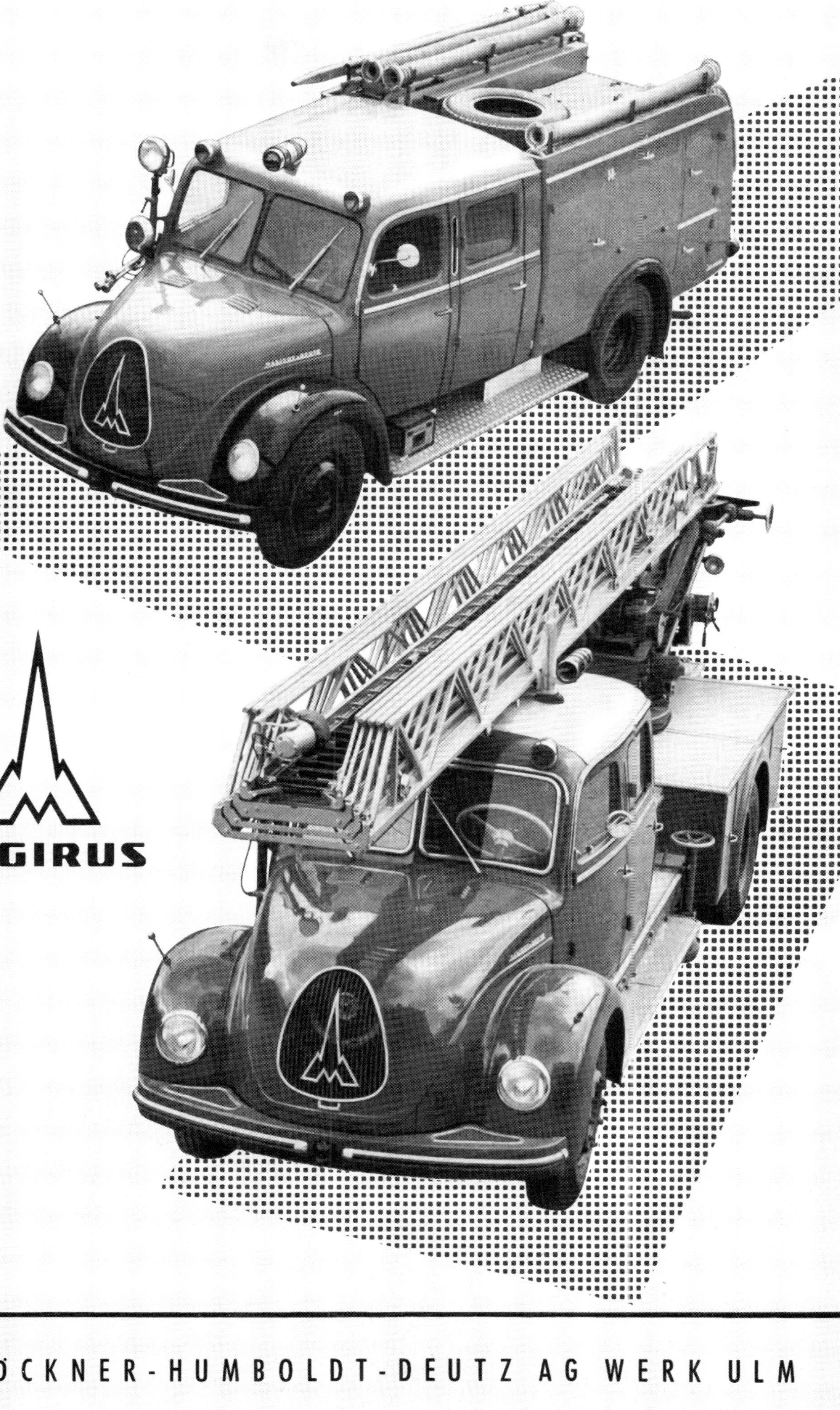

AGIRUS

MAGIRUS

PRODUKTIONSÜBERSICHT

LÖCKNER-HUMBOLDT-DEUTZ AG WERK ULM

Ab 1958 gab es auch bei Magirus speziell konstruierte Frontlenker-Fahrgestelle, die unter der Typbezeichnung „Saturn“ angeboten wurden. Soweit bekannt, wurden diese Fahrgestelle für Feuerwehraufbauten in Deutschland nicht verwendet. Das hier abgebildete Löschfahrzeug der belgischen Feuerwehr St. Niklaas wurde als eines der wenigen Exemplare auf einem solchen Saturn-150-Fahrgestell von dem Feuerwehrausrüster Landuyt aufgebaut. Der 1965 georderte Wagen besaß 2000 l Wassertankinhalt; die Barton-Pumpe konnte pro Minute 2000 l Wasser fördern. Das Frontlenker-Fahrgestell wurde von einem Sechszylinder-V-Motor mit 150 PS angetrieben. (17)

Die Deutsche Bundespost stellte 1958 die hier abgebildete hydraulische Drehleiter mit 18 m Steighöhe in Dienst, welche auf Magirus-Mercur 85-Fahrgestell errichtet wurde. Den Leiteraufbau lieferte eine Firma Stützle; eine Vorbauseilwinde mit 5 t Zugkraft gehörte ebenfalls zur Ausrüstung. 1979 wurde das Fahrzeug von der Freiwilligen Feuerwehr Oberalting-Seefeld übernommen und befand sich 1986 noch im Einsatz. (17)

Auf der Basis des schweren Eckhauber-Fahrgestells Magirus F Jupiter A wurden nach Einstellung der Rundhauber-Fertigung Anfang der sechziger Jahre noch eine Zeitlang Rüstkranwagen (RKW) 10 gefertigt. Der Antrieb der 10-t-Krananlage erfolgte elektromotorisch. 1964 lieferte Magirus ein solches Fahrzeug an die Freiwillige Feuerwehr Iserlohn, der 1983 noch im Einsatz stand. (17)

Zumischerlöschfahrzeug ZLF 24/50-2 mit 5000 l Wasservorrat, 200 l Schaummittel und 2400 l-Feuerlöschkreiselpumpe auf Magirus-F Jupiter-Eckhauber-fahrgestell, geliefert 1963 an die Esso-Raffinerie Ingolstadt und dort bis 1983 im Dienst befindlich. Der 15 t schwere Wagen wurde dann an die Freiwillige Feuerwehr Kösching veräußert und dort in über 1200 Arbeitsstunden total zerlegt, entrostet, gespachtelt, grundiert, lackiert und wieder zusammengebaut, so daß sich das Fahrzeug 1985, zum Zeitpunkt der Fotoaufnahme, in einem fast neuwertigen Zustand präsentieren konnte. (17)

Vorführfahrzeug der Firmen Magirus und Total als Tanklöschfahrzeug TLF 16/P 750 mit Trockenpulveranlage, aufgenommen am 17.12.1958. Der Aufbau erfolgte auf Magirus-F Mercur 125-Fahrgestell. (01)

Gut bewährt hatte sich das Pulverlöschfahrzeug PLF 2250 mit einer in drei 750-kg-Behältern aufgeteilten Löschmittelkapazität. Das auf Magirus-F Mercur 125 aufgebaute Fahrzeug wurde im Juni 1958 von der Deutschen Shell AG, Raffinerie Hamburg Harburg, in Dienst gestellt. (01)

Die Berufsfeuerwehr Köln beschaffte 1959 das hier abgebildete Pulverlöschfahrzeug PLF 1500 in offener Ausführung, das mit zwei Pulverlöschbehältern mit jeweils 750 kg Inhalt und zwei voneinander unabhängigen Bedienständen ausgerüstet war. Das auf Magirus-F Mercur 125 A aufgebaute Fahrzeug mit Total-Aufbau wurde später an die Freiwillige Feuerwehr Düren verkauft. Diese Aufnahme zeigt das Fahrzeug noch in Kölner Diensten mit angehängtem Kohlensäure-Löschanhänger. (13)

Lastkraftwagen der Berufsfeuerwehr Köln mit Pritsche und Plane/Spriegel mit Doppelkabine für verschiedene Einsatzaufgaben. Als Fahrgestell wurde das des Magirus-Mercur 85 verwendet. Diese Aufnahme entstand im Jahre 1962. (13)

Rüstwagen RW 2 mit Magirus-Aufbau auf Magirus-F 150 D 10 A-Eckhauber-Allradfahrgestell der 1966 von der Freiwilligen Feuerwehr Göppingen in Dienst gestellt wurde. (17)

In einer ursprünglich nur für das Bundesland Bayern bestimmten Sonderserie wurden 1972 rund 20 Rüstwagen RW 2 mit einem für ein Frontlenkerfahrgestell entwickelten Aufbau von Magirus auf Eckhauberfahrgestelle aufgebaut. Das verwendete Fahrgestell Magirus 150 D verfügte über ein luftgekühltes Sechszylinder-Dieselaggregat mit 150 PS. Der hier abgebildete Wagen stand bei der Feuerwehr Alsdorf b. Aachen im Dienst. (17)

Trocken-Tanklöschfahrzeug TroTLF 6000 mit Magirus/Minimax-Aufbau, geliefert 1971 an die Werksfeuerwehr der Firma Hoechst. Das Fahrzeug war auf dem Magirus-FM 230 D 19 A-Fahrgestell mit 230 PS Motorleistung aufgebaut. (17)

TroTLF 16 auf Magirus-150 D 10 Mercur-Fahrgestell, welches 1963 von der Berufsgrubenwehr und Werksfeuerwehr Prosper Bergbau AG Niederrhein in Dienst gestellt wurde. (17)

Metz-Werksaufnahme eines Schlauchkraftwagens (SKW) Typ S2 auf Magirus-F Mercur 125 A-Allradfahrgestell vom Mai 1960. Dieser von der Berufsfeuerwehr Essen beschaffte Wagen beförderte 2000 m B-Schlauchmaterial im Kofferaufbau, das zusammengekuppelt und in Buchten gelagert mitgeführt wurde, besaß ein Truppfahrerhaus und eine 5-t-Heros-Vorbauseilwinde. In den achtziger Jahren war das Fahrzeug beim Löschzug Kupferdreh stationiert, wo es sich noch heute im Einsatz befindet. (02)

Zumischer-Löschfahrzeug ZLF 4500-1 der Berufsfeuerwehr Düsseldorf auf Magirus-F 200 D 16-Fahrgestell (Achtzylinder-Diesel, 12667 cm^3 Hubraum, 200 PS bei 2200 U/min). Der am 1.12.1967 in Dienst gestellte Wagen beförderte 4500 l Schaummittel, hatte zwei Mann Besatzung und besaß ein zulässiges Gesamtgewicht von 16 t. Die Höchstgeschwindigkeit betrug 82 km/h. Die Ausmusterung erfolgte 1978. (10)

zeichnungen in Planetennamen geändert. So wurde aus dem Typ S 3500 zuerst der „Pluto", später „Sirius", der S 4500 verwandelte sich in „Mercur", S 5500 in „Saturn" und S 6500/S 7500 in „Jupiter". Die zur gleichen Zeit neu entwickelten Frontlenker-Modelle wurden in Deutschland für Feuerwehraufbauten nicht verwendet.

Ab etwa 1962 führte KHD beim Übergang zum 150-PS-Motor bei den mittelschweren Fahrzeugen die eckigen Motorhauben und Kotflügel ein. Der Rückschritt zum freistehenden Scheinwerfer erschien jedoch ein wenig anachronistisch.

Standardfahrzeuge blieben weiterhin LF 16 und TLF 16, sowie als Drehleiter die DL 30, welche auf dem neuen

F-Mercur 150- bzw. FM 150 D 10-Fahrgestell aufgebaut wurde. Darüber hinaus gab es Trockenlöschfahrzeuge (TroLF), Trockentanklöschfahrzeuge (TroTLF) 16, Rüstwagen, Rüstkranwagen, Schlauchwagen, Flugplatzlöschfahrzeuge, Zumischer-Löschfahrzeuge und weitere Sonderbauarten.
Bereits 1956 wurde das erste Exemplar eines schweren Dreiachs-Kranwagens KW 15 (15 t Hubkraft) auf dem schweren Uranus-Fahrgestell an die Berufsfeuerwehr Stuttgart geliefert. Dieser zur damaligen Zeit konkurrenzlos starke Kranwagen wurde schon bald zum KW 16 aufgewertet und in verhältnismäßig großen Stückzahlen geordert.

Feuerlösch-Kfz (FKFZ) 3500/350 l Wasser/Schaummittel der Bundeswehr auf Magirus-A 6500-Fahrgestell. Dieser am 10.6.1958 aufgenommene Prototyp beförderte 3500 l Wasser und 350 l Schaummittel. Die Feuerlösch-Kreiselpumpe FP 32/8 leistete 3200 l Wasser/min. Das Fahrzeug war mit einem auf dem Dach des Aufbaus angeordneten Werfer, Plexiglassichtkuppel und Vorbauseilwinde ausgerüstet. Beachtenswert die doppelstöckige Auer-Rundumkennleuchte. (01)

Hier das fast baugleiche Pendant als Feuerlösch-Kfz 4500/450, wie es in der Amtssprache der Bundeswehr bezeichnet wurde. Von diesem Typ wurden größere Stückzahlen für die Militärflughäfen der Bundeswehr und anderer Nato-Armeen beschafft. Nach Außerdienststellung bei den Streitkräften gelangten manche Fahrzeuge bei zivilen Feuerwehren zum Einsatz. (01)

Tanklöschfahrzeug TLF 16 auf Magirus-F 150 D 10 A mit Bachert-Aufbau von 1970. Der von der Gemeinde Engelskirchen, Löschzug Ründeroth, in Dienst gestellte Feuerwehrwagen war mit einer 5-t-Vorbauseilwinde ausgerüstet. (17)

Die Deutsche Bundesbahn unterhält eigene Feuerwehrfahrzeuge bei ihren Ausbesserungswerken. Neben Tanklöschfahrzeugen TLF 16 waren es die bundesbahnintern als LF 16/P bezeichneten mit Magirus-Total-Aufbau mit einer im Heck des Aufbaus installierten 250-kg-Pulverlöschanlage. Beide Fahrzeuge waren anfangs auf Magirus-Mercur-150 A-, später auf 150 D 10 A-Fahrgestellen aufgebaut. Diese Aufnahme zeigt ein 1971 in Dienst gestelltes und am 29.10.1989 beim DB-Ausbesserungswerk Duisburg-Wedau aufgenommenes LF 16/P. (17)

1967 stellte die Flughafenfeuerwehr Nürnberg das hier abgebildete TroLF 2000 mit Aufbau der Firma Total/Ladenburg in Dienst. Der Aufbau erfolgte auf Magirus-150 D 10 A-Allradfahrgestell; die Beladung bestand aus 2000 kg Pulver. (17)

Magirus A 6500 mit luftgekühltem Achtzylinder-Deutz-Motor (V 8), 170 PS und 10644 cm^3 Hubraum als FKFZ 4500/450 mit Magirus-Aufbau aus dem Jahre 1959. Das hier gezeigte Fahrzeug diente früher bei der Bundeswehr im Lager Lechfeld und stand im Sommer 1986 bei der Freiwilligen Feuerwehr Ottmarshausen b. Augsburg im Dienst. (17)

Vorbesitzer dieses im Oktober 1989 bei der Freiwilligen Feuerwehr Liederbach im Dienst stehenden Rüstwagens (Rw) 3, war die Berufsfeuerwehr Frankfurt a./M. Der 1965 gebaute schwere Eckhauber besaß das Fahrgestell 200 D 16 A mit 200 PS und 12667 cm^3 Hubraum und befand sich noch in einem sehr guten Erhaltungszustand. (17)

Ursprünglich als Großtanklöschfahrzeug für die Industrie (Farbwerke Hoechst z.B.), aber auch von Flughafenfeuerwehren in Dienst gestellt, wurde das Großtanklöschfahrzeug auf Sattelzugmaschine mit Allradantrieb FLF 24 S 8. Diese nur bedingt geländetauglichen Fahrzeuge bewährten sich auf Flughäfen nicht sonderlich, so daß sie nur in wenigen Exemplaren beschafft wurden. Im Tankauflieger waren 12000 l Wasser und 1200 l Schaummittel gelagert. Das abgebildete Fahrzeug, am 1.10.1968 fotografiert, ging als Export nach Algerien. Beachtenswert der Rammschutz vor der Motorhaube. (01)

Gerätewagen-Öl der Berufsfeuerwehr Köln auf Magirus-Mercur 125-Fahrgestell von 1964 mit Kofferaufbau der Firma Migö. Die umfangreiche Beladung ist auf dieser 1966 entstandenen Aufnahme vor dem Fahrzeug ausgebreitet. (13)

Kranwagen KW 16 der Berufsfeuerwehr Düsseldorf, welcher am 2.10.1964 in Dienst gestellt wurde, auf Magirus-F Uranus A-Fahrgestell. Angetrieben wurde das zur damaligen Zeit leistungsmäßig konkurrenzlos dastehende Modell von einem Zwölfzylinder-Dieselmotor mit 250 PS, der eine Höchstgeschwindigkeit von 70 km/h ermöglichte. Der Verbrauch lag bei 32 l auf 100 Kilometer; das zulässige Gesamtgewicht betrug 25,4 t. Der auf dem Hof der Hauptfeuerwache Hüttenstraße abgebildete Wagen wurde am 17.5.1978 außer Dienst gestellt. (10)

Dieses dreiachsige Flugplatzlöschfahrzeug FLF 25 auf Magirus-Jupiter 6 × 6-Allradchassis war für einen Auftraggeber in Schweden bestimmt. Der am 26.6.1962 abgelichtete Wagen war mit einer 750-kg-Pulverlöschanlage ausgerüstet, verfügte über eine Plexiglassichtkuppel oberhalb des Beifahrerplatzes und war mit Astabweisern versehen. (01)

Daimler-Benz

Die Daimler-Benz AG verfügte über eine lange Tradition auf dem Gebiet der Lastkraftwagenfertigung, die schon bis in die Zeit um die Jahrhundertwende zurückging.
Aus den umfangreichen Typenprogrammen eigneten sich viele Fahrgestelle für den Bau von Feuerwehrfahrzeugen, die von der Feuerwehrgeräte-Industrie mit entsprechenden Aufbauten versehen wurden.
Schon vor dem Ersten Weltkrieg kam es, vermutlich wegen der räumlichen Nähe der beiden Unternehmen zueinander, zu einer engen Zusammenarbeit zwischen der Süddeutschen Automobilfabrik, Gaggenau (ab 1909 firmierte dieses Werk unter dem Namen Benz-Werke), und dem Karlsruher Feuerwehrausrüster und Aufbauhersteller Carl Metz.
Zunächst wurden komplette Feuerwehrfahrzeuge sowohl im Benz-Werk, Gaggenau, als auch im Daimler-Werk, Berlin-Marienfelde, gefertigt.
Die gute Zusammenarbeit mit Metz wurde nach Entstehung der Daimler-Benz AG weiter intensiviert und gipfelte in einem, ab 1. 1. 1933 in Kraft getretenen Fabrikations- und Vertriebsvertrag.
In diesem Vertrag verpflichtete sich Metz
- den Bau automobiler Fahrgestelle nicht aufzunehmen,
- Aufbauten nicht an andere Automobilfabriken zu liefern,
- Feuerlöschfahrzeuge nur auf Fahrgestellen von Daimler-Benz anzubieten und
- die Erzeugnisse in Prospekten mit dem Zusatz „auf Daimler-Benz-Fahrgestell" zu versehen.

Für die Daimler-Benz AG beinhaltete der Vertrag folgende Verpflichtungen:
- Metz zur Lieferung aller Aufbauten heranzuziehen,
- den Bau von Feuerlöschpumpen aufzugeben,
- beim Verkauf der Vertragsware nur noch Metz-Pumpen anzubieten,
- nur noch Aufbauten von Metz anzubieten und zu verkaufen,
- die Produkte mit beiden Namen zu nennen; z.B. Daimler-Benz-Metz-Drehleiter oder Daimler-Benz-Metz-Automobilfeuerspritze.

Sowohl Metz als auch Daimler-Benz stand der Verkauf aller Produkte zu, die von Metz hergestellt und vertrieben wurden.
Damit sollte vermieden werden, daß Daimler-Benz-Fahrgestelle auch von anderen Aufbauherstellern, insbesondere von Magirus, verwendet wurden. Verhindern konnte man es im Einzelfall dann aber doch nicht.
Nur während der Kriegszeit baute Daimler-Benz komplette LF 8- und LF 15-Fahrzeuge, um den hohen Bedarf zu dekken. Andererseits wurden aber auch Fahrgestelle an andere Aufbauhersteller (z.B. Magirus) geliefert.
In den zwanziger Jahren waren es zumeist Fahrgestelle zwischen 2 und 4 t Nutzlast (z.B. die DC 2 cF, DC 3 dF und DC 4 dF von Daimler) mit Motorleistungen zwischen 35 und 55 PS, die zum Bau der damals üblichen Automobilspritzen und Drehleitern verwendet wurden.

Löschgruppenfahrzeug LF 8 der Freiwilligen Feuerwehr Saarburg (zum Zeitpunkt der Aufnahme im Sommer 1983 bereits als Gerätewagen im Einsatz) auf Mercedes-Benz-L 2000-Fahrgestell aus dem Jahre 1938. Auffallend ist die moderne Alu-Schiebleiter. An diesem Fahrzeug ist beachtenswert, daß nur die Frontscheibe des Fahrerplatzes einen Scheibenwischer besitzt. (17)

Mercedes-Benz Lo 2000 in einer Metz-Werksaufnahme als Kraftfahrspritze KS 8 (die 800-l-Feuerlöschkreiselpumpe war im kofferförmigen, mit Rolläden verschlossenen Geräteaufbau am Heck untergebracht) aus dem Jahre 1938. Das Fahrerhaus dieses mit dem 60-PS-Vorkammer-Dieselmotor OM 59/1 ausgerüsteten Feuerwehrfahrzeugs war noch offen ausgeführt. (02)

Schon ein gewaltiges und imposantes Fahrzeug ist diese aus dem Jahre 1938 stammende Kraftfahrspritze KS 15 auf Mercedes-Benz LoS 3750, aufgebaut von Metz/Karlsruhe für die Freiwillige Feuerwehr Waldshut (damals Feuerlöschpolizei). Besonders eindrucksvoll wirkt die riesige Vorbaupumpe, die das Lenk- und Fahrverhalten des Fahrzeugs wohl nicht gerade positiv beeinflußt haben dürfte. Angetrieben wurde das Fahrzeug von dem Sechszylinder-Dieselmotor OM 67/3 mit 100 PS und 7274 cm^3 Hubraum. Das LF 15 existiert heute noch bei dieser Wehr. (02)

MERCEDES-BENZ-METZ
Kraftfahr-Spritzen

Die genormte Kraftfahrspritze

Gebaut nach den Vorschriften der DIN FEN, stellt dieses Fahrzeug ein Großkampfgerät dar mit einer Pumpenleistung von 2500 l/min bei einer gesamtmanometrischen Förderhöhe von 80 m. Der Aufbau ist vollständig geschlossen, wobei im Führerhaus 2—3 Mann und im Mannschaftsraum 8 Mann untergebracht werden können. Frischluftheizung, Feuerwehrscheinwerfer auf ausziehbarem Rohrstativ, Innenbeleuchtung d. Geräteräume, vollständig umbaute Pumpe, trag- u. fahrbare Schlauchhaspeln, Leitergerüst.

Leichte Zugänglichkeit

von allen Seiten, griffbereite Schlauchhaspeln, seitlich ausschwenkbar. Am Rahmenende fahrbare Schlauchhaspel, sofort abprotzbar. Für kleinere Brände ist ein 350-Liter-Tank vorgesehen, dessen Inhalt durch Betätigung des Schalthahns zur Pumpe geleitet wird.

Griffbereitschaft und Zweckmäßigkeit

der Geräte erhöhen die Einsatzschnelligkeit im Ernstfalle. Dieser Erkenntnis wurde bei der Entscheidung über Auswahl und Unterbringung der Rettungsgeräte weitestgehend Rechnung getragen: Sprungtuch, Gasschutzgerät, Wiederbelebungsgerät, Atemfilter, Verbandkasten, Schiebeleiter, Steckleiter, Klappleiter, Hakenleiter, Asbesthandschuhe. Löschgeräte: Kübelspritze für Wasser und Schaum, Handfeuerlöscher, Segeltucheimer, B- und C-Strahlrohre, Standrohre, Verteilerstücke, Saugschläuche, Umsatzstücke, B- und C-Schläuche. — Aufräumungsgeräte: Mulden, Schaufeln, Spaten, Feuerwehräxte, Forken, Einreißhaken, Handwerkskasten, Brechstangen, Wagenwinde und Schleppseil. Beleuchtungsgeräte: Fackelkasten, Scheinwerfer, Scheinwerferkabel, Ständer für Scheinwerfer, elektr. Sicherheitslampen.

Die Kraftfahrspritze mit Vorbaupumpe

ist hauptsächlich zur Brandbekämpfung auf dem Lande gedacht. Die durch eine Quertraverse geschützte Vorbaupumpe zeichnet sich infolge der kurzen Kraftübertragungsorgane durch hohen Wirkungsgrad aus. – Der im rückwärtigen Teil gewonnene Raum dient zur Mitführung einer tragbaren Kraftspritze mit 600 – 800 l/min Leistung. Besondere Sorgfalt wurde der Innenausstattung des Führerhauses gewidmet, um der Bedienungsmannschaft auf der Fahrt ausreichenden Schutz gegen die Unbilden der Witterung zu bieten.

Geländegängige Kraftfahrspritze

für Sonderaufgaben des abwehrenden Feuerschutzes. Jahrzehntelange Erfahrungen im Bau geländegängiger Fahrzeuge haben auch für den Feuerwehrdienst die Schaffung von Geräten ermöglicht, die durch ihre Unabhängigkeit von festen Straßen wesentlich erweiterte Einsatzmöglichkeiten bieten.

Schlauch-Kraftwagen

für ca. 1600 m B- und C-Schläuche und Mitnahme einer tragbaren Kraftspritze einschließlich saug- und druckseitigem Zubehör. Ein Sonderfahrzeug, das seine Eignung besonders bei der Überlandhilfe mehrfach unter Beweis stellen konnte, und das dazu beiträgt, die Schlagkraft des abwehrenden Feuerschutzes weiter zu erhöhen.

Mercedes-Benz-Metz Rüstwagen

mit ausschwenkbarem Kran bis zu 4500 kg Tragfähigkeit. Dieses Sonderfahrzeug spielt beim Unfallhilfsdienst eine besondere Rolle. Seine reichhaltige Ausstattung mit: Elektro-Generatoranlage (wahlweise für alle Stromarten), Kreissäge, Bohrmaschine, Exhaustor zur Entgiftung vergaster Räume, Handfeuerlöscher und Wiederbelebungsgeräten macht dieses Fahrzeug in Verbindung mit den Sondergeräten zur Brand- und Unfallstellen-Beleuchtung zu einem universalen Hilfsinstrument. Laufrollen zum Fahren mit angehängter Last und eingebautes Spill mit Umkehrgetriebe erweitern die Einsatzmöglichkeit.

Erhöhte Einsatzbereitschaft durch ausreichendes Schlauchmaterial

Über 3000 Meter Schlauchleitungen mußten bei der Öschelbronner Brandkatastrophe im Jahre 1933 frei verlegt werden, damit überhaupt der Kampf gegen das rasende Element aufgenommen werden konnte. Die Notwendigkeit, in solchen Fällen über das erforderliche Schlauchmaterial zu verfügen, führte zum Bau ausgesprochener Schlauchkraftwagen. Das hier abgebildete Fahrzeug besitzt 3 fahrbare Schlauchhaspeln zu je 160 m B-Schlauch, während in den senkrecht stehenden Fächern bis zu 1100 m Schlauch untergebracht werden können. In der Mitte des hinteren Kastenaufbaues, zwischen den rechts und links angeordneten Schlauchfächern befindet sich der Mannschaftsraum mit 4—5 Sitzen. Die zwischen den Vorder- und Hinterrädern eingebauten Gerätekästen dienen zur Aufnahme der Saugschläuche und sonstigen saugseitigen Zubehörs.

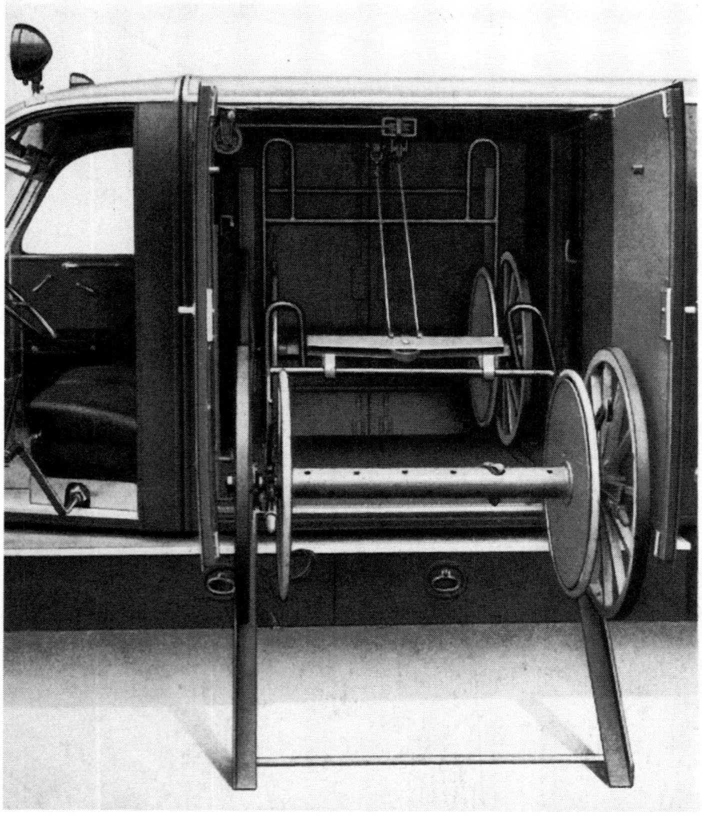

Arbeitserleichterung für die Wehrmänner!

Um die Mannschaft nicht über Gebühr zu beanspruchen, werden die fahrbaren Schlauchhaspeln durch eine im Führerhaus eingebaute Winde über Laufschienen abgeprotzt und wieder an Ort und Stelle gebracht. Hier zeigt sich die wohldurchdachte, stets den Erfordernissen des praktischen Löschdienstes angepaßte Anordnung aller wichtigen Geräte, eine Tatsache, die den guten Ruf der MBM-Fahrzeuge im In- und Ausland festigte.

MBM Kraftfahrspritze für Sonderfälle

Die hier dargestellte Mercedes-Benz-Metz Kraftfahrspritze für den Feuerlöschdienst im Braunkohlenbergbau zeigt, daß auch bei grundsätzlicher Beibehaltung der Kenndaten und Aufbauformen der genormten Kraftfahrspritze eine Anpassung an Sonderfälle des abwehrenden Feuerschutzes durchaus möglich ist. 720 Meter B-Rollschläuche in leicht abnehm- und tragbaren Kästen auf dem Fahrzeugdach erweitern den Verwendungsbereich dieses Fahrzeugs in ungewöhnlicher Weise. – Gerade im Bau leistungsfähiger Fahrzeuge mit Sonderausrüstung kann die Arbeitsgemeinschaft Mercedes-Benz-Metz auf große Erfolge zurückblicken. Immer wenn es sich darum handelt, vom allgemeinen Rahmen abweichende Ausführungen zu entwickeln, war es unser Werk, das besonders gelungene Lösungen finden konnte. So verkörpern diese Fahrzeuge wertvolle Erfahrungen jahrzehntelanger folgerichtiger Konstruktions- und Entwicklungsarbeit im Dienste der Erhaltung von Gut und Leben.

Leichter Löschkraftwagen mit 10 Sitzplätzen für kleinere Gemeinden mit hinten untergebrachter tragbarer Kraftspritze (600–800 l/min). Offenes Verdeck mit seitlich herablaßbarem Regenschutz. Besonders kräftig ausgebildetes Dach zur Aufnahme leichter Schiebe-, Haken- oder Klappleitern.

Mercedes-Benz L 4500 F (Sechszylinder-Diesel, 112 PS, 7270 cm^3 Hubraum, 65 km/h) aus der Kriegszeit, ehemalige „Schwere Drehleiter (SDL)" bzw. DL 22 nach Umbau zu einem Kranfahrzeug mit mechanischem Antrieb durch die Berufsfeuerwehr Bremen. Der Kran war um 360° drehbar. Das Fahrzeug macht die Not der ersten Nachkriegsjahre deutlich, wo man auf jedes einigermaßen für den Einsatz geeignete Fahrzeug zurückgreifen mußte. (08)

Tanklöschfahrzeug TLF 15 auf Mercedes-Benz L 5000 F als Exportfahrzeug für die chilenische Feuerwehr Conchali. Das mit offenem Fahrerhaus, dahinterliegenden, beidseitigen Längssitzbänken und kofferartigem Aufbau gestaltete, von Metz aufgebaute Fahrzeug, besaß eine sog. Midship-Pumpe mit offenliegendem Bedienstand. Das Fahrzeug, das mit dem Sechszylinder-Vorkammerdiesel OM 67/4 (Aggregat des L 4500) mit 112 PS und 7270 cm^3 Hubraum ausgerüstet war, wurde am 24.6.1952 fotografiert. (02)

Ein typischer Nachkriegsumbau (aufgenommen am 4.5.1948) ist hier zu sehen. Dieses an die Freiwillige Feuerwehr Göppingen gelieferte TLF 15 war auf dem Mercedes-Benz-Fahrgestell des L 3000 S aufgebaut und besaß den offenliegenden Tank einer Opel-Blitz-Tankkraftspritze (TLF 15) mit Heckpumpe. Die improvisierte Behelfskabine hinter dem Fahrerhaus ist beachtenswert. Die Gerätekästen unterhalb des Trittbrettes stammten von einem LF 15 der Kriegszeit. Diesen bemerkenswerten Umbau erstellte seinerzeit die Firma Metz. (02)

Rüstwagen der Freiwilligen Feuerwehr Amberg mit Metz-Nachkriegsaufbau aus dem Jahre 1953. Als Fahrgestell wurde ein Kriegschassis des L 4500 S mit 112 PS Motorleistung verwendet, welches sich von 1941–44 in Serienfertigung befand. Der Rüstwagen präsentiert sich in dem im Stil der damaligen Zeit gehaltenen, formschönen omnibusartigen Karosserieaufbau. Auf der großen Dachreeling war sehr viel Platz für zusätzliche, vor allem sperrige Ausrüstungsgegenstände vorhanden. (02)

Ende 1926 wurde die gesamte Lastwagenproduktion im Werk Gaggenau zusammengefaßt und ein komplettes neues Nutzfahrzeugprogramm zwischen 1 und 5 t Nutzlast angeboten, das bereits 1928 um einen 7–8-Tonner-Dreiachser aufgestockt wurde und konstruktiv hauptsächlich auf den früheren Nutzfahrzeugen der Benz-Werke basierte.
Die damaligen Fahrzeuge waren noch überwiegend mit Vergasermotoren ausgerüstet, aber auf Dauer war der Siegeszug des Dieselmotors nicht aufzuhalten. Ab 1930 wurden immer weniger Lastwagen mit Vergasermotoren angeboten, so daß für die diesem neuen Antrieb noch skeptisch gegenüberstehenden Feuerwehren immer weniger Alternativen hinsichtlich der in Frage kommenden Fahrgestelle gegeben waren. Ab 1935 wurde der Dieselantrieb für Feuerwehrfahrzeuge ab 3 t Nutzlast von der damaligen Reichsregierung angeordnet.
Mit der Einführung des leichten Lastwagens mit Dieselmotor, des Typs L 2000 mit 2 t Nutzlast im Jahre 1932, leitete Daimler-Benz eine neue Epoche im Nutzfahrzeugbau ein. Bis zum Beginn des Zweiten Weltkrieges umfaßte die Programmbreite nunmehr Lastwagen aller Gewichtsklassen – vom 1,5-Tonner bis zum 10-t-Schwerlastwagen.
Bis zum Inkrafttreten der Bestimmungen des Schell-Planes, durch den eine radikale Typenbegrenzung im Nutzfahrzeugbau erwirkt wurde, verwendete man unterschiedliche Daimler-Benz-Fahrgestelle für den Bau von Feuerwehrfahrzeugen. Die Bandbreite lag hier zwischen 2 und 6,5 t Nutzlast.
Die Fahrgestelle wurden durch verschiedene Buchstaben gekennzeichnet, so bedeutete

- L – Lastwagen
- LS – Lastwagen/Spritze
- LD – Lastwagen/Drehleiter
- LoS – Lastwagen/Spritze auf Omnibus-(Niederrahmen)-Fahrgestell
- LoD – Lastwagen/Drehleiter auf Omnibus-(Niederrahmen)Fahrgestell
- LGS – Lastwagen/Spritze/geländegängig

Bis Mitte der dreißiger Jahre wurden Feuerwehrfahrzeuge im allgemeinen noch mit offenen Aufbauten beschafft, Mannschaften und Geräte wurden weitgehend ungeschützt

Hier ein ähnliches Fahrzeug, ein bereits 1951 für die Berufsfeuerwehr Darmstadt von Metz aufgebauter Rüstwagen auf Mercedes-Benz-L 5000-Fahrgestell. Die motortechnischen Daten unterschieden sich in der Bauserie des L 5000 bis zum Jahre 1952 nicht vom Fahrzeug der vorherigen Abbildung. Lediglich die Nutzlast war um 500 kg erhöht worden. Der Radstand des abgebildeten Fahrzeugs betrug 4600 mm; das zulässige Gesamtgewicht 11100 kg. (02)

befördert, wobei allerdings die unfallträchtigen Längssitze nun der Vergangenheit angehörten und Quersitzbänken gewichen waren.
In dieser Zeit wurden Daimler-Benz-Fahrgestelle der Typen LS (oder LoS) 2000, 2500, 3000 und 3750 für Löschfahrzeuge (Spritzen), LD (oder LoD) 1500, 2000, 2500, 3000, 3750 und 6500 für Drehleitern verwendet.
1934/35 entwickelte man im Rahmen des Luftschutzes sogenannte Einheitskraftspritzen, die später als KS 15 bezeichnet wurden und den Deutschen Feuerwehrnormen DIN FEN 500/510 entsprachen. Der allseits geschlossene Fahrzeugaufbau war eine wesentliche Neuerung und Verbesserung gegenüber früheren Konstruktionen.
Am 16. 2. 1940 wurde als nächster Schritt der Vereinheitlichung vom Reichsministerium des Inneren die „Typenbegrenzung im Feuerlöschfahrzeugbau" veröffentlicht. Hiernach waren nur noch Fahrgestelle von 1,5, 3 und 4,5 Tonnen Tragfähigkeit zulässig.
Daimler-Benz konnte folgende Fahrgestelle einsetzen:

	1,5-Tonner L 1500 S	3-Tonner L 3000 S	4,5-Tonner L 4500 S L 4500 A
Bauzeit	1940–1944	1939–1944	1939–1944
Motor	Daimler-Benz M 159 Vergasermotor	DB OM 65/4 Vorkammer-Dieselmotor	DB OM 67/4 Vorkammer-Dieselmotor
Zylinderzahl	6(Reihe)	4(Reihe)	6(Reihe)
Hubraum	2594 cm^3	4850 m^3	7270 cm^3
Leistung	60 PS bei 3000 U/min	75 PS bei 2250 U/min	120 (ab 1941 112) PS bei 2250 U/min
Getriebe	Viergang	Fünfgang	Fünfgang
Antrieb	auf Hinterräder	auf Hinterräder	auf Hinterräder
Radstand	3000 mm	4250 mm	4600 mm
Zulässiges Gesamtgewicht	3900 kg	6715 kg	10050 kg
Nutzlast	1270 kg	3100 kg	4500 kg
Höchstgeschwindigkeit	75 km/h	70 km/h	65 km/h
Verbrauch/ 100 km	17 l Benzin	18 l Diesel	25 l Diesel

Verwendungszweck:
Mercedes-Benz L 1500 S:
- Leichte Löschgruppenfahrzeuge (LLG) LF 8
- Leichte Drehleitern (LDL) DL 17

Mercedes-Benz L 3000 S:
- Schwere Löschgruppenfahrzeuge (SLG) LF 15
- Schwere Drehleitern (SDL) DL 22
- Schwere Schlauchkraftwagen (SSK) S 3

Mercedes-Benz L 4500 S:
- Großes Löschgruppenfahrzeug (GLG) LF 25
- Große Drehleiter (GDL) DL 32
- Großer Schlauchkraftwagen (GSK) S 4,5

Auf die beiden letzteren Fahrgestelle wurden auch Sonderfahrzeuge wie Tankspritzen, Sonderlöschmittelfahrzeuge und andere aufgebaut.
Am 4. Juni 1942 erfolgte die Anordnung Hitlers, die Fertigung des Mercedes-Benz L 3000 S einzustellen und die Produktion des Daimler-Benz-Werkes Mannheim auf den besser für Frontbedingungen geeigneten Dreitonner von Opel umzustellen. Trotzdem erfolgte diese erst am 20. 7. 1944.
Dieser Opel-Blitz-Nachbau wurde von Daimler-Benz als L 701 bezeichnet. Für Feuerwehrzwecke wurde der L 701 vor allem als Löschgruppenfahrzeug LF 8 und LF 15 (mit Aufbauten aus Hartfaserplatten) verwendet. Den L 701 gab es, obwohl vorgesehen, nicht mit Allradantrieb.
Bereits im Juni 1945 konnte die Produktion des L 701 im Mannheimer Werk weitergeführt werden. Bis zum Erscheinen einer eigenen Neukonstruktion im Jahre 1949, dies war der Mercedes-Benz L 3250, nahm die Produktion ihren Fortgang. Gemessen an den damals hergestellten geringen Stückzahlen, gab es relativ viele Feuerwehrfahrzeuge auf L 701.
Mitte 1949 stand das von Daimler-Benz neu enwickelte L 3250-Fahrgestell zur Verfügung, das bereits Anfang 1950 durch Nutzlaststeigerung zum L 3500 aufgewertet wurde.
Bei der Konstruktion dieses Typs griff man jedoch auf bewährte Komponenten des Opel-Blitz zurück. Dies hatte zum einen fertigungstechnische Gründe, man mußte in dieser schweren Zeit möglichst viele der für die Opel-Lizenzfertigung vorhandenen Produktionswerkzeuge weiter nutzen, es zeigt aber im besonderen die Güte und Fortschrittlichkeit der Opel-Konstruktion. So wurden Rahmen und Achsen eigentlich nur minimal geändert, und aus dem 3,6-Liter-Vergasermotor des Opel entstand unter Beibehaltung der Bohrung und Verlängerung des Hubs der 4,6-Liter-Diesel vom Typ OM 312. Selbst die Bohrungen für die Zündkerzen der Opel-Maschine wurden unverändert übernommen, nur dienten sie nun als Glühkerzen. Es dürfte die zuständigen Herren bei Opel sicherlich nicht besonders gefreut haben, daß die quasi logische Weiterentwicklung ihrer eigenen hervorragenden Konstruktion nun sozusagen als „Kuckucksei" bei Daimler-Benz zum erfolgreichsten Lkw der fünfziger Jahre avancierte.
Da der 3–4-Tonnen-Nutzlastklasse im Feuerwehrbereich die größte Bedeutung zukam, weil die meisten Fahrzeuge auf dieser Gewichtsklasse basierten, hatte Daimler-Benz spezielle Fahrgestellvarianten für Feuerwehraufbauten entwickelt, die zur Unterscheidung mit einem zusätzlichen „F" bezeichnet wurden, also z.B. LF 3500 (Lastwagen-Feuerwehrfahrgestell) oder LAF 3500 (Lastwagen-Allradantrieb-Feuerwehrfahrgestell).
Da Magirus für seine Feuerwehrfahrzeuge in der 3,5-t-Klasse bereits einen 125-PS-Motor lieferte, sah sich Daimler-Benz gezwungen, den OM 312-Motor des L 3500 ab 1954 wahlweise auch mit Turboaufladung zu liefern. Die Saugversion wurde für die Feuerwehr-Fahrgestelle bereits ab 1953, im normalen Lkw-Programm erst ab 1955, mit 100 statt 90 PS geliefert.
Der Typ L 3500/L 4500, der ab 1955 in L 311/L 312 umbezeichnet wurde, blieb bis 1961 in der Fertigung.
Fahrgestelle des L 3500/L 4500 bzw. L 311/L 312 wurden für Feuerwehraufbauten nicht nur an die Firma Metz geliefert, sondern auch an einige Unternehmen, die sich in den fünfziger Jahren neu am Markt für Feuerwehraufbauten einzuführen versuchten, wie die Firmen Ziegler, Bachert, Graaff, Heines und andere. Bachert hatte bereits 1951 ein LF 15 auf L 3500-Fahrgestell in Ganzstahlbauweise vorgestellt; Metz hingegen folgte damit erst 1955, als die DIN 14502 für Feuerwehrfahrzeuge in Kraft trat und Holz für tragende Teile nicht mehr zuließ.
Aber auch andere Aufbauhersteller – hier besonders Ziegler – begannen Metz zunehmend Konkurrenz zu machen, so daß Metz, da diese Konkurrenz ebenfalls Fahrgestelle von Daimler-Benz erhielt, schließlich im Jahre 1972 den seit 1933 bestehenden Kooperationsvertrag kündigte.

Von Metz aufgebautes Tanklöschfahrzeug TLF 15 in der ersten Ausführung mit kleinem Gerätekoffer und offenliegendem Pumpenstand am Fahrzeugheck auf einer Probefahrt. Aufnahmedatum ca. 1950. Als Fahrgestell wurde bereits der erste Daimler-Benz-Nachkriegstyp Mercedes-Benz L 3500 verwendet. (02)

Offenbar war es aufgrund der engen Zusammenarbeit zwischen Daimler-Benz und Metz für andere Aufbauhersteller gar nicht so einfach, die speziellen Feuerwehr-Fahrgestelle, deren Hauptmerkmal im auf den besonderen Einsatzzweck

Löschgruppenfahrzeug LF 15 auf Mercedes-Benz-LF 3250/36 aus dem Jahre 1949, seinerzeit an die Freiwillige Feuerwehr Hellenthal/Eifel geliefert. Der L 3250 war der nur 1949 gefertigte Vorgänger des später so erfolgreichen Typs L 3500. Das abgebildete, von Metz aufgebaute Fahrzeug soll dem Vernehmen nach kurz nach der Indienststellung einen schweren Unfall gehabt haben, weshalb der Aufbau 1952 komplett erneuert werden mußte. Dieser entspricht hinsichtlich der äußeren Gestaltungsmerkmale nicht mehr der 1949 üblichen Bauform. Im Juni 1981 stand der Wagen beim Löschzug Wolfert im Dienst. (17)

Schlauchwagen SW 2000, von Metz auf dem 4,5-t-Mercedes-Benz-Fahrgestell LAF 312/42 1955 aufgebaut für die Freiwillige Feuerwehr Hameln. Von diesem Schlauchwagentyp baute Metz insgesamt nur drei Exemplare und zwar für die Feuerwehren Hameln, Detmold und Tuttlingen. Der Wagen besaß bereits das auf 100 PS gesteigerte Antriebsaggregat des Sechszylinders OM 312. (17)

Umgebautes Metz-Flugplatzlöschfahrzeug FLF 25 aus dem Jahre 1955 zum Tanklöschfahrzeug TLF 16/30, das noch Anfang 1982 bei der Freiwilligen Feuerwehr Langenhahn/Westerwald im Dienst stand. Auch in diesem Fall wurde das schwerere 4,5-t-Fahrgestell des Mercedes-Benz LAF 312/42 verwendet. (17)

Mercedes-Benz LAF 3500/42 als SLF (Sonderlöschfahrzeug) 15/25 der Freiwilligen Feuerwehr Tamstedt, Löschzug Hepstedt, in einer Aufnahme aus dem Jahre 1984. Das 1954 von Metz gebaute ehemalige Flugplatzlöschfahrzeug war früher bei einer Einheit der Royal Air Force (RAF) im Raum Hamburg stationiert. (17)

In den fünfziger Jahren baute Metz eine größere Stückzahl von Flugplatzlöschfahrzeugen sowohl für zivile als auch militärische Auftraggeber des In- u. Auslandes, die mit unterschiedlichen Geräteaufbauten versehen wurden. Meist mit Staffelkabine, teilweise aber auch mit Truppfahrerhaus versehen, wurden diese Fahrzeuge auf dem 4,2-m-Allradfahrgestell des Mercedes-Benz LAF 3500 bzw. 311 errichtet. Dieses Fahrzeug erhielt einen geschlossenen, heruntergezogenen Sonderaufbau für Länder mit kälteren Klimaverhältnissen. Es wurde im Mai 1957 an den Flughafen Flesland/Norwegen geliefert. Beachtenswert die Stahlgitterkonstruktion als Rammschutz auf der vorderen Stoßstange zum Durchbrechen von möglichen Hindernissen auf der Fahrt zur Brandstelle. (02)

Unten ein Sonderlöschfahrzeug SLF 25, das in einer Serie von 13 Stück ab 1953 für den Dienst auf Militärflughäfen der RAF in der Bundesrepublik von Metz geliefert wurde. Diese am 1.4.1953 auf dem Metz-Werksgelände entstandene Aufnahme zeigt das mit Staffelkabine ausgebildete Fahrzeug in vollem Ausrüstungszustand vor der Ablieferung an den Auftraggeber. Neben der 2500-l-Feuerlöschpumpe gehörten 2000 l Wasservorrat und 520 l Schaummittel zur Ausrüstung. Damit konnten bis zu 10 000 l Luftschaum pro Minute erzeugt werden. Beidseitig in der Fahrzeugmitte angeordnet befanden sich jeweils 30 m Hochdruckschlauch als Schnellangriffseinrichtung, sowie Plexiglassichtkuppel und Wenderohr auf dem Dach der Doppelkabine. (02)

FLF 25/CO_2 auf Mercedes-Benz-LAF 311/42-Fahrgestell als Exportfahrzeug für einen jordanischen Flughafen. Die Doppelkabine war für 6–7 Mann Besatzung ausgebildet. 2000-l-Wassertank, 200 l Schaummittel und 6 Flaschen Kohlensäure/CO_2, ein Wenderohr und zwei tragbare Schaumrohre gehörten zur Fahrzeugbestückung. (02)

Es ist bisher wenig bekannt, daß verschiedene Aufbauhersteller bereits Anfang der fünfziger Jahre Löschfahrzeuge versuchsweise mit Rolladenverschlüssen herstellten. Diese Bauweise konnte sich aber erst viel später im Feuerwehrfahrzeugbau durchsetzen. Zu den ersten Vertretern dieser Bauart zählte das am 18.8.1950 bei Metz fotografierte LF 15 mit Vorbaupumpe und Schaumlöscheinrichtung der Werksfeuerwehr Total in Ladenburg. Die Dachbeladung bestand u. a. aus Lautsprecher, Kabeltrommeln und Schaumrohren. (02)

Auf Mercedes-Benz-LAF 3500/42-Fahrgestell entstand dieses ebenfalls mit Lamellenverschlüssen ausgebildete Tanklöschfahrzeug TLF 15 der Berufsfeuerwehr Karlsruhe, hier in einer Metz-Werksaufnahme vom Juli 1954. Dieses Fahrzeug wurde in den siebziger Jahren an eine freiwillige Feuerwehr veräußert. (02)

Vor allem bei Wehren in Niedersachsen waren als TLF 15 oder 16-T bezeichnete Tanklöschfahrzeuge recht verbreitet. Diese in der Regel allradgetriebenen Fahrzeuge verfügten anstelle der Staffelkabine nur über das normale Lkw(Trupp)-Fahrerhaus für drei Mann Besatzung. Der Wasservorrat belief sich dafür auf 2800 l. Das hier abgebildete Fahrzeug der Freiwilligen Feuerwehr Schüttorf b. Bentheim wurde 1958 auf dem Mercedes-Benz-LAF 311/36-Fahrgestell von Metz aufgebaut. (17)

abgestimmten Nebenantrieb lag, zu bekommen. So sind viele Fahrzeuge bekannt, die zwar einen Feuerwehraufbau mit einer eingebauten Feuerlöschkreiselpumpe besitzen, aber kein „F“ in der Typenbezeichnung führen. Speziell die ganz kleinen Hersteller, wie z.B. Meyer-Hagen oder Heines waren davon betroffen. Aus der zweiten Hälfte der fünfziger Jahre sind auch eine Reihe von Standardfahrzeugen be-

kannt, die auf der 4,5-t-Variante L 312 und sogar auf dem dann weiterentwickelten L 321 aufgebaut wurden.

3,5–4,5-Tonnen-Fahrgestelle von Daimler wurden – wie schon erwähnt – für die weitaus meisten Feuerwehraufbauten verwendet, wie Löschgruppenfahrzeuge LF 8 schwer, LF 15, LF 16, LF 15-TS, LF 16-TS, Tanklöschfahrzeuge TLF 15, TLF 16, TLF 15 bzw. 16-T, Drehleitern DL 18, 22 und 25, Schlauchwagen, Rüst-, Geräte- u. Pionierwagen, Flugfeldlöschfahrzeuge FLF 25, Trockenlöschfahrzeuge (mit Pulveranlagen von Total oder Minimax) und weitere Sonderlöschfahrzeuge, die vornehmlich für die Industrie oder auch für den Export erstellt wurden.

Löschgruppenfahrzeug LF 16 in einer Sonderausführung mit 800 l Schwerschaumvorrat mit Metz-Aufbau aus dem Jahre 1957. Der auf Mercedes-Benz LF 311/42 erstellte Wagen wurde an die Werksfeuerwehr der Chemischen Werke Hüls, Herne, geliefert und befand sich bis Mitte der achtziger Jahre im Dienst. (17)

Zu einem Schaum-TLF umgebaut wurde das hier gezeigte Fahrzeug der Werksfeuerwehr Enka AG, Werk Obernburg-Elsenfeld. Die Umrüstung wurde von Metz 1966 auf einem 1960 gebauten Mercedes-Benz-L 312/42-Fahrgestell mit 4,5 t Tragkraft vorgenommen. Das Fahrzeug verfügte über 1500 l Wasservorrat und Vorbaupumpe. (17)

Flugplatzlöschfahrzeug FLF 25 g, geliefert von Metz im Juni 1957 nach Helsinki/Finnland. Die feuerwehrtechnischen Daten lauteten: 2500-l-Feuerlöschpumpe, 2000 l Wasservorrat, 520 l Schaummittel (ausreichend für drei Wassertankfüllungen) 5 Mann Besatzung. Gut erkennbar der Rammschutz auf der vorderen Stoßstange. Das Fahrzeug war mit einem allseits geschlossenen Aufbau gestaltet. (02)

Die Produktion des Kriegstyps L 4500 konnte im August 1945 wieder aufgenommen werden. Dieses Modell wurde zu Beginn des Jahres 1949 zum L 5000, 1953 zum L 5500 weiterentwickelt und ab 1954 in L 325 umbezeichnet.

Ende 1950 wurde das Programm um den Schwerlastwagen L 6600 erweitert, der von 1954–58 unter der Bezeichnung L 315 lief.

Die genannten Typen hatten für die Feuerwehren nur geringe Bedeutung, denn außer Drehleitern ab 30 m Steighöhe, einigen wenigen LF 32, Kran- und Rüstkranwagen, wurden nur Sonderlöschfahrzeuge, vornehmlich für Flughäfen, die Industrie und für den Export gefertigt.

Die wichtigsten technischen Daten der Lkw-Fahrgestelle von Daimler-Benz aus dieser Zeit sind nachstehend aufgeführt:

	L 3500/L 311 L 4500/L 312	L 5000/L 5500 L 325	L 6600/L 315
Bauzeit:	1950–1961	1952–1957	1950–1958
Motor:	Daimler-Benz OM 312 Vorkammer-Diesel	Daimler-Benz OM 67/8 bzw. OM 325 Vorkammer-Diesel	Daimler-Benz OM 315 Vorkammer-Diesel
Zylinderzahl:	6(Reihe)	6(Reihe)	6(Reihe)
Hubraum:	4580 cm^3	7270 m^3	8280 cm^3
Leistung:	90 PS bei 2800 U/min bzw. 1953/1955 100 PS bei 3000 U/min	120 PS bei 2100 U/min bzw. 125 PS bei 2200 U/min	145 PS bei 2100 U/min
Getriebe:	Fünfgang	Fünfgang	Sechsgang
Antrieb:	auf Hinterräder	auf Hinterräder	auf Hinterräder
Zulässiges Gesamtgewicht:	7000 oder 8100 kg	11000 kg	12550 kg
Nutzlast:	3500 oder 4500 kg	5000 oder 5850 kg	6050 kg
Höchstgeschwindigkeit:	80 km/h	62 bzw. 70 km/h	70 km/h
Verbrauch:	17,5 l Diesel	23 l Diesel	24 l Diesel

Auch nicht gerade häufig vertreten war diese in der Omnibusbauweise mit Allradantrieb gestaltete Ausführung eines Tanklöschfahrzeugs TLF 15/51, das zu einer Lieferung der Firma Metz an die französischen Streitkräfte gehörte. Im heckseitigen Pumpenraum war eine Zumischeranlage eingebaut; vor dem Kühler befand sich eine Heros-Seilwinde. Der Tarnscheinwerfer neben dem Frontscheinwerfer weist auf militärische Verwendung hin. Ungewöhnlich ist der einteilige Aufbau ohne Dehnfuge, obwohl das Fahrzeug über Allradantrieb verfügt. (02)

Metz-Flugplatz-Tanklöschfahrzeug für Wasser, Wassernebel, Luftschaum und CO_2 mit Zusatzmotor zum Antrieb der kombinierten Hoch- und Niederdruckpumpe 40 atü in offener Bauweise, geliefert Anfang 1953 an die Fluggesellschaft KLM. Ungewöhnlich die offene Ausführung der Fahrerkabine. Am Heck befanden sich Schnellangriffshaspeln für Wasser und Schaum. (02)

Ab Mitte der fünfziger Jahre tauchten auch die ersten Daimler-Benz-Fahrzeuge der mittelschweren Nutzlastklasse als Frontlenker auf, die merkwürdigerweise als LP (Lastwagen in Pullman-Ausführung) bezeichnet wurden, sich aber im Feuerwehrbereich anfangs nur sehr langsam durchsetzten. Metz und Bachert bauten vor allem für die Feuerwehren Mannheim, Ludwigshafen und Hamburg auf diese Frontlenker auf.
1956 gelang Daimler-Benz mit dem Typ L 319 auch der Einstieg in die Nutzlastklasse mit 1,75 Tonnen, die bisher vor allem von Opel und Hanomag beherrscht wurde. Dieses in verschiedenen Versionen bis Ende 1967 produzierte Modell wurde ab 1958 vor allem für Löschgruppenfahr-

In Eigenumbau durch die Berufsfeuerwehr Göttingen entstand auf einem Mercedes-Benz-L 311/42-Fahrgestell von 1958 dieses Tanklöschfahrzeug TLF 16, das im August 1992 beim Löschzug Barterode der Freiwilligen Feuerwehr Adelebsen noch vorhanden aber nicht mehr im Dienst war. Der Geräteaufbau scheint von einem Magirus TLF 15/48 (offener Pumpenstand, Schlauchhaspeln und Schnellangriffseinrichtung am Heck) zu sein. Durch welche Firma die Staffelkabine erstellt worden war, ist nicht bekannt. (17)

Schlauchwagen SW 2000 mit Metz-Aufbau und Truppfahrerhaus – auf Mercedes-Benz-LAF 311/42-Fahrgestell mit 115-PS-Turboladermotor, der 1956 als Norm-Testfahrzeug für das Land Nordrhein-Westfalen von der Berufsfeuerwehr Essen in Dienst gestellt wurde. Anfang der achtziger Jahre befand sich dieses Fahrzeug beim Löschzug Heidhausen der Freiwilligen Feuerwehr Essen noch im Einsatz. (17)

Sonderlöschfahrzeug, das 1956 von Metz unter der Werksbezeichnung „MP 25 M" für die Feuerwehr Maipu/Chile gebaut wurde. Der auf einem Mercedes-Benz-LF 311/42-Straßenfahrgestell aufgebaute und mit seitlichem Bedienstand und heckseitiger Schnellangriffseinrichtung ausgestattete Feuerwehrwagen, verfügte neben der 2500-l-Feuerlöschpumpe über 3000 l Wasservorrat und 320 l Schaummittel. (02)

Tanklöschfahrzeug TLF 16 mit Metz-Aufbau und 750-kg-Pulverlöschanlage, gebaut für die jugoslawische Feuerwehr Borovo. Das Fahrzeug besaß eine 1600-l-Heckpumpe und wurde im August 1959 fotografiert. (02)

Im März 1959 wurde dieser für die Berufsfeuerwehr Frankfurt gebaute Schlauchwagen vom Typ SW 2000-T (Truppfahrerhaus) auf Mercedes-Benz-LF 311/42-Fahrgestell auf dem Metz-Werksgelände fotografiert. Er gehörte zu den wenigen Schlauchwagen, die in den fünfziger Jahren von westdeutschen Feuerwehren in Dienst gestellt wurden. (02)

In der stilvoll verrundeten Omnibusbauweise ausgeführt war dieses auf Mercedes-Benz LF 6600 aufgebaute LF 30 für die Feuerwehr Sao Paulo/Brasilien, das hier in einer im August 1954 entstandenen Werksaufnahme gezeigt wird. Der Feuerwehrwagen war mit einer Hochdruckpumpe MHP 30 ausgerüstet; Dachreeling und Leiterhalterungen weisen auf Möglichkeiten der Dachbeladung hin. (02)

Rettungswagen mit Hochdruckpumpe und CO_2-Anlage auf Mercedes-Benz-LF 5000-Fahrgestell in einer Werksaufnahme vom 4.9.1953. Das Fahrzeug wurde von Metz an die Feuerwehr Nunoa/Chile geliefert und wirkte durch den wuchtigen Chromkühler, die verchromte Stoßstange und die lange Motorhaube besonders eindrucksvoll. (02)

Tanklöschfahrzeug TLF 32 auf Mercedes-Benz-LF 6600-Fahrgestell mit Metz-Omnibusaufbau als Exportfahrzeug für Jugoslawien. Der im Oktober 1953 fotografierte Wagen war auf dem damals schwersten Daimler-Benz-Fahrgestell aufgebaut, das über ein Sechszylinder-145-PS-Triebwerk verfügte. Auch dieses Fahrzeug war mit einer CO_2-Anlage ausgerüstet. (02)

Diese im Mai 1956 entstandene Aufnahme zeigt eine optisch sehr eindrucksvolle mechanische 37-m-Leiter von Metz, die für die Feuerwehr Valparaiso/Chile gebaut wurde. Das Fahrgestell war ein Mercedes-Benz LKo 315/52 mit 145 PS und 12,5 t zulässigem Gesamtgewicht. Chromkühler und Radzierkappen wirken ausgesprochen elegant. (02)

Im Oktober 1956 wurde diese seltene mechanische 30-m-Leiter von Metz an die Schweizer Feuerwehr Neuenburg auf Mercedes-Benz-L 5000 Sa-Chassis geliefert. Der kurze Radstand des Fahrgestells läßt die Drehleiter besonders gedrungen erscheinen. Der mit Truppfahrerhaus gebaute Wagen war mit Trilex-Rädern ausgerüstet und stand zuletzt bei der Feuerwehr Murten im Dienst. (02)

zeuge LF 8 verwandt. Darüber hinaus baute Metz auch einige sowohl hydraulische als auch handbetätigte Drehleitern DL 18. Auch Sonderaufbauten entstanden vereinzelt auf diesen Fahrgestellen.

Mit der Vorstellung des Mercedes-Benz L 322 im Jahre 1959, wurde eine neue Fahrzeuggeneration in der Kurzhaubenbauweise eingeführt. Schon kurze Zeit später wurde dieses neue Modell als Feuerwehrfahrgestell LF 322 angeboten. Kurzhauber, die es mit der Zeit in vielen unterschiedlichen Nutzlastklassen und Motorleistungen für nahezu alle Verwendungszwecke des Feuerwehrbereichs gab, prägten fast zwei Jahrzehnte Feuerwehrgeschichte.

Eine sehr seltene Fahrgestell/Aufbaukombination war diese hydraulisch angetriebene Magirus-DL 25 aus dem Jahre 1959, die auf einem 4,5-t-Fahrgestell Mercedes-Benz LF 312/42 errichtet wurde. Die etwas geringere Höhe des Magirus-Leiterparks gegenüber der Metz-Leiter, z.B. Lichtraumprofilhöhe der Gerätehaustore, könnte der Grund für die Beschaffung dieses Einzelstücks durch die Freiwillige Feuerwehr Ludwigsburg gewesen sein. (17)

Auf dem schweren Export-Fahrgestell des Mercedes-Benz LA 332/52 entstand 1962 der wohl letzte Rüstkranwagen RKW 10 dieser Bauart von Metz, der von der Berufsfeuerwehr Bielefeld beschafft wurde. Das Fahrgestell besaß das Sechszylinder-OM 326-Dieseltriebwerk mit 172 PS und 10810 cm^3 Hubraum. Dieses gewaltige Fahrzeug befindet sich bis heute bei der Bielefelder Feuerwehr (Standort Wache Süd) im Dienst. (17)

Löschfahrzeug-Sonderausführung im Ablieferungszustand am 29.12.1952 (noch ohne Leiterbestückung) für die Feuerwehr Chillian/Chile. Der auf Mercedes-Benz L 5000 erbaute Wagen zeichnete sich durch beidseitig vorhandene offene Längssitze für jeweils 5 Mann und mit heckseitig angebautem Gerätekoffer aus. Dieses Modell besaß die ab Herbst 1952 gefertigte neugestaltete Motorhaube. (02)

Mercedes-Benz LF 5000 als Tanklöschfahrzeug TLF 25 mit offenen Längssitzen und geschlossenem Fahrerhaus in einer Aufnahme vom 26.8.1953 vor der Ablieferung an die Feuerwehr Valdivia/Chile. Nachfolgend einige Ausrüstungsmerkmale: Schlauchhaspel am Heck, Heckpumpe, Pendelwinker, Sirene sowie Sauganschluß unterhalb der Frontstoßstange. (02)

Hier ein weiteres schweres Sonderlöschfahrzeug in offener „Cabriolet-Ausführung" von Metz, aufgenommen im November 1953. Dieses auf dem schweren Mercedes-Benz-L 6600-Chassis errichtete Fahrzeug besaß eine Mittenhochdruckpumpe MHP 30 und war für die chilenische Feuerwehr Valparaiso bestimmt. Das Feuerwehrfahrzeug besaß zwei Schnellangriffseinrichtungen mit jeweils 30 m Hochdruckschlauch, welche mittig oberhalb des offenen Bedienstandes angebracht waren. Ein einmalig schönes Fahrzeug! Ob es wohl heute noch existiert? (02)

Ein LAKo 315 diente als Trägerfahrgestell für das schwere Flugplatz-Tanklöschfahrzeug FLF 30 P, das 1957 in einer Serie von 6 Stück nach Brasilien geliefert wurde. Das Fahrzeug war für Wasser, Wassernebel, Luftschaum und Trockenpulver eingerichtet und beförderte 6 Mann Besatzung in der Staffelkabine. Die Beladung bestand aus einem 3000-l-Wassertank, 300-l-Schaummittelbehälter, kombinierter Hoch- u. Niederdruckpumpe mit 40 atü, zwei Luftschaumwenderohren, zwei Nebelpistolen für Hochdruckwassernebel sowie einer 300-kg-Trockenpulver-Löschanlage. Mitteneinbaupumpe, beidseitige, offene Schnellangriffseinrichtungen und Plexiglassichtkuppel auf dem Dach der Kabine waren weitere Merkmale dieses gewaltigen Fahrzeugs. (02)

Im Juli 1958 wurde eine Serie von drei Fahrzeugen FLF 30 mit CO_2-Anlagen nach Karachi/Pakistan von Metz geliefert. Diese Fahrzeuge wurden bereits auf dem schweren Mercedes-Benz-Exportfahrgestell LA 331, das mit dem Sechszylinder-Vorkammer-Dieseltriebwerk OM 326/IV mit 172 PS und 10810 cm^3 Hubraum ausgerüstet war, aufgebaut. Die Beladung bestand aus 3000-l-Wassertank, 300 l Schaummittel, 6 Flaschen Kohlensäure/CO_2 mit zwei Schneerohren, zwei tragbaren Schaumrohren und einem Wenderohr. Die Feuerlöschpumpe leistete 3000 l Wasser und konnte ca. 12000 l Luftschaum pro Minute erzeugen. (02)

1949 gab die Berufsfeuerwehr Essen einen Rüstkranwagen für 7 t Tragkraft auf einem beigestellten Mercedes-Benz-L 4500 A-Allradfahrgestell bei Magirus in Auftrag. Dieses Einzelstück, dessen Aufbau der der auf Magirus S 6000 entstandenen Kleinserie des Rüstkranwagens entsprach, wurde Ende 1951 in Dienst gestellt und befand sich nach der dortigen Ausmusterung noch bis ca. 1973 bei der Berufsfeuerwehr Gießen im Einsatz und wurde – wie so viele andere historisch wertvolle Fahrzeuge auch – leider verschrottet. (02)

Rüstwagen R 10 in einer Aufnahme vom Juli 1954 auf Mercedes-Benz-LF 6600-Chassis, aufgebaut von Metz für die Berufsfeuerwehr Hamburg mit in Arbeitsstellung befindlicher Krananlage. Die seitlichen Stützspindeln und heckseitigen Stützrollen sind ausgefahren; ein Mitarbeiter steht an der Fernbedienung bereit. Das Fahrzeug war mit 5-t-Heros-Vorbauseilwinde und 10-t-Krananlage mit elektromotorischem Antrieb ausgerüstet. Die Ausmusterung erfolgte am 9.11.1971. Ein ähnliches Fahrzeug wurde 1958 von der Berufsfeuerwehr Kiel beschafft. (03)

Sonder-Löschfahrzeug mit Mitteneinbaupumpe und offenem Bedienstand, gebaut auf Mercedes-Benz-LAP 311/36-Fahrgestell für die Feuerwehr Windhoek in Südwest-Afrika in einer Abbildung vom Oktober 1960. Die beständigen Witterungsverhältnisse in diesem Land gaben den Ausschlag für den offen gestalteten Fahrer- und Mannschaftsraum. (02)

Sonder-Löschfahrzeug mit Mittenhochdruckpumpe MHP 16 auf Mercedes-Benz-LPF 312-Fahrgestell für die Feuerwehr Nunoa/Chile. Offener Bedienstand, Schnellangriffseinrichtung und ein seitlich am Heck angebrachter Schlauchwagen waren einige Ausrüstungsmerkmale dieses Frontlenkerfahrzeugs, das von dem Sechszylinder-Diesel OM 312 mit 100 PS und 4580 cm^3 Hubraum angetrieben wurde. Die Aufnahme entstand im Juni 1956. (02)

Zum Abschluß sei der seit Mai 1951 im Werk Gaggenau produzierte Unimog erwähnt, der vor allem als Typ S 404 ab 1955 auch eine gewisse Bedeutung als geländegängiges Feuerwehrfahrzeug erlangte. Eingesetzt wurde er nicht nur vereinzelt als Löschgruppenfahrzeug LF 8 (mit Metz-Aufbau), sondern auch mit TroLF-750-Aufbauten der Firma Total.
Sehr verbreitet waren die speziell für die Bundeswehr (Feuerlösch-Kfz 750 kg Pulver) entwickelten Modelle, sowie vor allem Tanklöschfahrzeuge (TLF 8) und Vorauslöschfahrzeuge (VLF) für den zivilen Bevölkerungsschutz.

FLF 25 W (Wasserzubringerfahrzeug) mit 3000-l-Heckpumpe, 4800 l Wasservorrat und 480 l Schaummittel, geliefert im Dezember 1957 an den Köln-Bonner Flughafen Wahn/Porz. Als Fahrgestell wurde das Mercedes-Benz-L 329/52-Chassis – Ablösemodell des bis 1956 gebauten Typs L 325 – verwendet, das mit dem OM 315-Dieseltriebwerk mit 145 PS bestückt war. (02)

Auf dem schweren Mercedes-Benz-Exportmodell L 331 entstand dieses Sonderlöschfahrzeug SLF 30 mit Mittenhochdruckpumpe 3000 l für die Feuerwehr Sao Paulo/Brasilien. Als Besonderheit hervorzuheben wären die einstöckigen Auer-Rundumleuchten. Aufnahmedatum Juni 1958. (02)

Von 1958–1962 wurde bei Daimler-Benz das schwere Haubenwagen-Exportmodell L 332 gebaut, das über das OM 326-Dieseltriebwerk mit 172 PS und 10810 cm^3 Hubraum verfügte. Im Mai 1961 wurde das hier abgebildete FLF 30 mit CO_2-Anlage in der Allradversion für Jugoslawien gebaut. Wenderohr, 3000-l-Wassertank, 300 l Schaummittel und Kohlensäurevorrat gehörten zur feuerwehrtechnischen Ausrüstung. (02)

Unimog U 401 als Löschfahrzeug mit Vorbaupumpe in einer im Dezember 1955 entstandenen Metz-Werksaufnahme. Das geländegängige Fahrzeug wurde von der Feuerwehr Maipu/Chile in Auftrag gegeben. Besonders auffällig ist die große Sirene an der Fahrzeugfront der Fahrerseite. (02)

Mercedes-Benz Typ 180 als von der Firma Binz & Co, Lorch, karossierter Krankenwagen mit feuerwehrtechnischer Ausrüstung (800-l-Vorbaupumpe und Sirene) für einen Auftraggeber in Brasilien. Dieses nicht alltägliche Fahrzeug wurde vor der Ablieferung im Juni 1957 aufgenommen. (02)

Ein sehr markantes Einzelstück war dieser im Mai 1955 aufgenommene und von Metz/Karlsruhe für die Feuerwehr Sao Paulo/Brasilien ausgerüstete Beleuchtungswagen auf dem Fahrgestell der Sattelzugmaschine Mercedes-Benz LS 315/36 mit 145 PS und 8280 cm^3 Hubraum. (02)

Gruppenaufnahme von 10 Feuerlösch-Kfz 2400 l Wasser für die Bundeswehr auf Mercedes-Benz-LG 315/46-Allradfahrgestell (interne Bundeswehr-Bezeichnung: Lkw 5 t gl (4×4)) auf dem Werkhof von Metz vor der Ablieferung im September 1957. Diese Fahrzeuge wurden durch die Firmen Metz und Bachert aufgebaut und ausgerüstet und verfügten über 5 Mann Besatzung sowie Feuerlöschkreiselpumpen von 1800 l Leistung pro Minute. (02)

Trocken-Löschfahrzeug TroLF 4000 mit zwei 2000-kg-Pulverlöschanlagen von Total/Ladenburg, erbaut 1971 auf Mercedes-Benz-L 1418-Fahrgestell mit 180-PS-Sechszylinder-Diesel (Direkteinspritzer). Es wurde an die Freiwillige Feuerwehr Salzbergen geliefert, die dieses Fahrzeug für den Brandschutz der in ihrem Einzugsbereich befindlichen Raffineriebetriebe (Wintershall) beschaffte. Auf dem begehbaren Aufbau war ein leistungsfähiger Werfer angebracht. (17)

Ebenfalls von Total erstellt wurde der Aufbau dieses 1967 von der Werksfeuerwehr Bayer AG, Leverkusen, in Dienst gestellten Tro LF 750, das als Trägerfahrgestell das Mercedes-Benz-LF 710/36-Chassis besaß. Dieses Fahrgestell erhielt ab Juni 1964 serienmäßig den Sechszylinder-Direkteinspritz-Dieselmotor OM 352 mit 100 PS bei 2900 U/min und 5675 cm^3 Hubraum. Die Aufnahme entstand im Juli 1982. (17)

Ebenfalls bei der Werksfeuerwehr Bayer AG, in diesem Fall Werk Dormagen, stand im Mai 1982 dieses von Total auf Mercedes-Benz-LAF 1113/36 erbaute TroLF 2000 im Dienst, das 1966 geliefert wurde und über einen seitlich offenen Bedienstand und Werfer verfügte. Der OM-352-Direkteinspritz-Diesel des Fahrzeugs leistete 126 PS bis 2800 U/min. Das Fahrerhaus besaß noch die kleine Panoramascheibe. (17)

In der Ausführung mit nur einer Pulverlöschanlage präsentiert sich dieses 1971 von der Werksfeuerwehr Enka AG, Oberbruch, in Dienst gestellte TroLF 4000, das Total auf das Mercedes-Benz-Chassis LF 1517/36 (Sechszylinder-Diesel (Direkteinspritzer) OM 360 mit 172 PS, 8720 cm^3 Hubraum) aufbaute. (17)

Drehleiter DL 18 h (mit hydraulischem Leiterantrieb) von Metz, die 1967 von der Berufsfeuerwehr Köln für Montagezwecke beschafft wurde. Das Fahrzeug besaß das Standard-Lkw-Fahrerhaus des Mercedes-Benz-L 710-Kurzhaubers. Hinter diesem war ein geräumiger Gerätekoffer angebracht. Dieses 1969 fotografierte Fahrzeug stand bis 1977 im Dienst. (13)

Ein gewaltiges Fahrzeug war diese Metz DL 52 mit Fahrstuhl, das 1968 für Moskau ausgeliefert wurde. Als Basis diente das schwere Mercedes-Benz-L 1920-Fahrgestell mit OM-346-Direkteinspritz-Diesel mit 10810 cm^3 Hubraum, der 210 PS bei 2200 U/min erzeugte. Der mit Vorbaupumpe ausgerüstete Wagen war auf einem 19-t-Fahrgestell (für 12 t Nutzlast) aufgebaut. (02)

FLF 25 von Metz auf Mercedes-Benz-LAF 322/32-Chassis, geliefert 1961 an die Flughafenfeuerwehr Bremen. Die feuerwehrtechnische Beladung bestand aus 2500 l Wasservorrat und 250 kg Pulver. Allradantrieb, Wasserwerfer und offene seitliche Bedienungsarmaturen waren weitere Fahrzeugmerkmale. (02)

FLF 25 mit CO_2-Anlage aus dem Jahre 1965, gebaut von Metz auf Mercedes-Benz-LAK 1920/42-Fahrgestell als Exportfahrzeug für einen angelsächsischen Auftraggeber. Das Fahrzeug beförderte 3000 l Wasser, 500 l Schaum und 7 Mann Besatzung. (02)

Sonderlöschfahrzeug Tro/Schaum mit zwei Pulverlöschanlagen mit jeweils 750 kg Pulver, geliefert im April 1967 auf Mercedes-Benz-L 1920/52-Fahrgestell nach Jugoslawien. (02)

Für die Werksfeuerwehr BASF, Antwerpen, wurde im März 1967 dieses FLF 25 W von Metz fertiggestellt. Es wurde auf einem Mercedes-Benz-LAK 2620/36 (Dreiachs-Allradkipper)-Chassis errichtet und war mit 9000 l Wasservorrat beladen. (02)

Opel-Blitz-1-t-Löschkraftwagen (LsKw) mit angehängtem Kraftspritzenanhänger, in dem aus Gewichtsgründen die 800-l-Feuerlöschpumpe des Gespanns untergebracht war. Der 1937 gebaute Wagen stand bis 1967 im Einsatz, wurde anschließend von der Freiwilligen Feuerwehr Altenmedingen von Grund auf restauriert und ist hier auf einem Fahrzeugtreffen im Jahre 1990 zu sehen. (17)

Opel-Blitz-3-t (3,6–42) 1941 als Fliegerkraftfahrspritze (FlKs) 15 mit Magirus-Aufbau das vom Reichsluftfahrtministerium (RLM) für den Dienst auf Luftwaffen-Fliegerhorsten beschafft. Hier zu sehen in einer Aufnahme von 1990 bei einem Fahrzeugtreffen in Süddeutschland. Das Fahrzeug stand zu diesem Zeitpunkt, obwohl fast 50 Jahre alt, bei der Freiwilligen Feuerwehr Bad Häring/Österreich immer noch im Einsatz. (17)

Die 1,5-Tonner von Opel, deren Produktion im Juli 1946 wieder aufgenommen wurde, erwiesen sich als sehr zuverlässig und standen deshalb bei den Feuerwehren hoch im Kurs und lange im aktiven Dienst. Hier ein solches Fahrzeug als von Metz aufgebautes LF 8 von 1951, das bis Ende der siebziger Jahre bei der Freiwilligen Feuerwehr Neustadt/Wesermarsch im Einsatz anzutreffen war. Seit einigen Jahren wird der Wagen von einer Veteranenvereinigung in Oldenburg erhalten. (17)

Opel

Die Adam Opel AG, Rüsselsheim, fertigte bereits kurz nach der Jahrhundertwende die ersten Lastkraftwagen für Nutzlasten von 3 und 4 Tonnen, deren Fahrgestelle man auch für Feuerwehraufbauten einsetzte. Die leichten Opel-Lastwagenfahrgestelle jener Zeit wurden überwiegend für die damals üblichen Automobilspritzen verwendet. Nicht zuletzt für die werkseigene Feuerwehr entstanden einige Fahrzeuge.

Auch in den zwanziger Jahren belief sich die Produktion von Feuerwehrwagen auf den zu der Zeit in Produktion befindlichen 2-t-Fahrgestellen 12/40 und 12/50 nur auf wenige Einheiten. Erst mit der Übernahme der Firma Opel durch den amerikanischen Konzern General Motors im Jahre 1928 sollte sich das Nutzfahrzeug-Programm zu größeren Stückzahlen ausweiten.

1931 begann die Serienfertigung eines neuen Lastwagens mit dem einprägsamen Namen „Blitz“, zunächst in einer 2-t-Nutzlastvariante. Dieser Name erlangte einen geradezu legendären Ruf.

Nun begann eine stetige Aufwärtsentwicklung, so daß die Rüsselsheimer Kapazitäten in keiner Weise ausreichten und 1935 mit dem Bau eines neuen Lastwagenwerks in Brandenburg/Havel, der damals modernsten Lastwagenfabrik der Welt, begonnen wurde. Schon nach 190 Tagen war die Fabrik fertiggestellt, in der in Zukunft vor allem die bekannteste Blitz-Variante, der 3-t-Typ gefertigt wurde.

1934 ergänzte man das Programm durch einen 1-t-Schnelllastwagen, dessen Fahrgestell ab 1936 für vom RLM entwickelte und georderte Kraftzugspritzen (KzS 8) in großen Stückzahlen verwendet wurde. Anfänglich war der Aufbau dieser mit einem Einachsanhänger (TSA) gekoppelten Fahrzeuge völlig offen. 1938, mit dem Erscheinen des weiterentwickelten 1,5-t-Opel Blitz, wurde eine geschlossene Fahrerkabine eingeführt und der Mannschaftsraum durch ein abnehmbares Segeltuchverdeck geschützt. Parallel hierzu wurden auch Kraftfahrdrehleitern DL 17 von Metz und Magirus, diese aber fast ausschließlich auf dem 55 PS starken, schweren 1,5-Tonner, gebaut.

Auch der 1936 vorgestellte Opel Blitz-3-t-Lkw mit anfangs 64, ab 1937 75 PS Motorleistung, fand vornehmlich als Kraftfahrspritze KS 15 und Fliegerkraftfahrspritze FlKS 15, Verwendung. Tankkraftspritzen (TLF 15/43) hingegen wurden überwiegend auf der seit Juli 1940 in Produktion befindlichen Allradversion des Opel-Blitz-3-Tonners, Typ 6700 A, gefertigt. Diese ab 1943 gebauten Fahrzeuge bewährten sich trotz des einfachen Aufbaus und der geringen Besatzungsstärke von drei Mann sehr.

Ebenso wurden ab 1944 Löschgruppenfahrzeuge LF 8 und LF 15 mit einfachen Behelfsaufbauten aus Hartfaserplatten von verschiedenen Herstellern gefertigt. Seit Mitte 1944 wurde der Dreitonner von Opel auch im Daimler-Benz-Werk Mannheim unter der Typenbezeichnung L 701 in Lizenz auf ausdrückliche Führerweisung hin gebaut, denn dieses Modell war allen anderen im Einsatz befindlichen deutschen Militärlastkraftwagen dieser Klasse überlegen.

Ab Mitte 1946 konnte die Produktion des leichten 1,5-Tonners wieder aufgenommen werden. Es entstanden in erster

Opel Blitz 6700 A (3-Tonner) als Tankkraftspritze (TLF 15/ 43) der Berufsfeuerwehr Darmstadt in einer Aufnahme vom 1.6.1948. Der Wasservorrat umfaßte 2500 l; die Pumpe konnte 1500 l/min fördern. Das abgebildete Fahrzeug wurde umgebaut und mit zusätzlichen Gerätekästen versehen. (02)

Linie LF 8 von verschiedenen Aufbauherstellern und Drehleitern DL 18 von Magirus und Metz. Auf den Weiterbau des berühmten Dreitonners wurde – in Verkennung der Marktchancen – leider verzichtet.
1952 löste der neuentwickelte Opel-Blitz-1,75-t das bisherige Modell ab. Es wurde – wie alle bisherigen Opel-Lastkraftwagen – ebenfalls von einem Vergasermotor angetrieben, der dem Fahrzeug zu guten Fahrleistungen verhalf. Der 1,75-Tonner wurde mit nur geringfügigen Änderungen (1955 stieg die Motorleistung von 58 auf 62 PS) bis 1960 produziert und in großen Stückzahlen von fast allen Aufbauherstellern als LF 8 und DL 18, teilweise aber auch mit Sonderaufbauten, für Feuerwehrzwecke verwendet. Der 1,75-Tonner war damals Marktführer seiner Klasse und das Universal-Löschfahrzeug der freiwilligen Feuerwehren schlechthin.
Bei zunehmender Konkurrenz sah sich auch Opel genötigt, ein neues Modell herauszubringen. Es war der in Kurzhaubenform ausgeführte Opel Blitz 1,9 t, der 1960 vorgestellt wurde. Von der Würzburger Karosseriefirma Voll, die den Aufbau des Standard-Kastenwagens fertigte, wurde gleichfalls ein einheitlicher Aufbau für LF 8-Fahrzeuge entwickelt, so daß der Feuerwehrgeräteindustrie nun ein komplettes Fahrzeug zur Verfügung gestellt werden konnte, das nur noch den Innenausbau benötigte. Besonders Magirus und Ziegler, aber auch andere Aufbauhersteller, fertigten Löschfahrzeuge auf dem 1,9-Tonner-Opel.
Indessen war für Opel die Konkurrenz, nicht zuletzt durch den Mercedes-Benz L 319, so groß geworden, daß sich die Verkaufszahlen zunehmend verringerten. Grund dafür war auch, daß Opel keinen Dieselmotor im Angebot hatte. So trat man die Flucht nach vorn an und wartete 1965 und 1966 mit den stilistisch gestrafften Modellen 2,1 und 2,4 t auf, für die ab 1968 auch ein Dieselaggregat erhältlich war, das aber für Feuerwehrfahrzeuge nicht verwendet wurde.
Mit diesen optisch gut gelungenen Fahrzeugen konnte Opel aber auf Dauer auch keine Marktanteile zurückerobern, und auch der Dieselmotor verhalf nur zu sehr kurzzeitigen Erfolgen.
So entschloß sich der GM-Konzern, die Lastwagenfertigung in Deutschland ganz aufzugeben. Anfang 1975 rollten die letzten Fahrzeuge vom Band.

Tanklöschfahrzeug TLF 15 in einer Metz-Werksaufnahme vom 19.12.1950, geliefert an die Freiwillige Feuerwehr Münchingen. Dieses Fahrzeug besaß als Trägerfahrgestell den 3-t-Opel-Blitz-Lizenznachbau von Daimler-Benz, L 701, der bis zum Erscheinen eines eigenen mittelschweren Daimler-Benz-Modells in der Produktion blieb. Beachtenswert der TLF-Aufbau von Metz mit offenem Pumpenstand, der auch auf den folgenden Mercedes-Benz-L 3500-Fahrgestellen verwendet wurde. (02)

Opel-Blitz-2,5-Tonner als Automobilspritze mit im Heck eingebauter Feuerlöschpumpe und offenem Aufbau als Löschfahrzeug der Werksfeuerwehr der IG-Farbenindustrie AG, Uerdingen. Die Aufnahme scheint während des Krieges entstanden zu sein, denn das Fahrzeug ist mit dem sog. Nachtmarschgerät, d. h. Tarnscheinwerfer und Tarnkappen über den Scheinwerfern, ausgerüstet. (13)

Opel Blitz 1,5 t als Lastkraftwagen mit Plane und Spriegel als Einsatzfahrzeug bei der Berufsfeuerwehr Köln Anfang der fünfziger Jahre. Dieses Fahrzeug entsprach der serienmäßigen Ausführung des Pritschenwagens, der mit einem 55 PS starken Sechszylinder-Vergasermotor bestückt war. Auf diesem Bild hat der Opel einen Generatoranhänger im Schlepp. (13)

Ende 1952 wurden die letzten Exemplare des Opel-Blitz-1,5-Tonners ausgeliefert. Auf einem solchen Fahrgestell errichtete Metz das hier gezeigte Löschfahrzeug mit 800-l-Vorbaupumpe und heckseitig eingebautem Wassertank sowie beidseitig angeordneten Längssitzen für die Werksfeuerwehr Spinnfaser AG, Kassel. Die Aufnahme entstand am 2.2.1953. (02)

Aus einem ehemaligen Postzustellfahrzeug auf Opel-Blitz-1,75 t-Fahrgestell, das 1956 von der Firma Trutz/Coburg aufgebaut wurde, entstand 1969 – nach Außerdienststellung bei der Bundespost – das abgebildete Feuerwehrfahrzeug für die Freiwillige Feuerwehr Aura/Saale, das als Löschgruppenfahrzeug LF 8 umgebaut und ausgerüstet wurde und bis zum 28.1.1991 im Dienst stand. Danach erwarb ein Duisburger Fahrzeugsammler dieses recht seltene Fahrzeug. (17)

Opel Blitz 2,1 t als Mehrzweckfahrzeug, das in Eigenleistung durch die Werksfeuerwehr Preußen-Elektra, Borken, entstand. Dieser ehemalige 1974 gebaute Lkw besaß folgende feuerwehrtechnische Ausrüstung: Tragkraftspritze TS 8, Atemschutz, 100 l Schaummittel, Schaumrohr, Rettungsgerät, Ölsperre, 500 m Schlauch. Im hinteren Teil des Aufbaus befanden sich einige Sitzplätze für mitfahrende Feuerwehrangehörige. (17)

Aus einem Opel-Blitz-3-t-Typ A (Allradausführung) mit Einheits-Funkkofferaufbau für die Nachrichtentruppe entstand nach dem Kriege bei der Berufsfeuerwehr Hamburg der abgebildete Rüstwagen mit Rüstanhänger. Dieses Fahrzeug dürfte noch einige Jahre gute Dienste geleistet haben. (12)

Am 2.8.1949 entstand vor der Verschiffung eine Gruppenaufnahme der gezeigten 7 Tanklöschfahrzeuge TLF 15 für die Feuerwehr Ankara/Türkei. Diese auf Mercedes-Benz L 701 (Opel Blitz-Lizenznachbau) ausgeführten Fahrzeuge besaßen Wassersprengeinrichtungen, die an den vorderen Stoßstangen arretiert waren, um den Einsatz auch als Straßensprengwagen zu ermöglichen. (02)

Kommandantenwagen auf Opel-Blitz-1,75-t-Fahrgestell in einer Metz-Aufnahme vom 17.6.1953. Der von der Feuerwehr Lissabon/Portugal in Auftrag gegebene Wagen besaß neben der großen B-Schlauchhaspel am Heck, den Schnellangriffseinrichtungen und dem serienmäßigen Fahrerhaus eine 800-l-Mitteneinbaupumpe, die von der Fahrzeugmitte aus bedient werden konnte. Ein Wassertank mit 600 l Fassungsvermögen war ebenfalls vorhanden. (02)

Opel Olympia der Bauserie 1947 – 1949 als Brandmeisterwagen der Feuerwehr Remscheid. Dieses Modell besaß einen Vierzylinder-Motor mit 1488 cm^3 Hubraum und 37 PS, womit rund 110 km/h Höchstgeschwindigkeit zu erreichen waren. Bemerkenswert die Sirene und das große beleuchtbare Schild „Feuerwehr folgt" auf dem Dach des Fahrzeugs. (14)

Opel Olympia Rekord, gebaut zwischen 1959 und 1960, in viertüriger Ausführung von der Berufsfeuerwehr Köln in Dienst gestellt. Diese Limousine leistete 50 PS bei 4000 U/min und erreichte knapp 130 km/h Spitzengeschwindigkeit. (13)

Ford

Die ganze Pracht und Herrlichkeit der chromblitzenden Feuerwehrmodelle der frühen fünfziger Jahre präsentiert diese Aufnahme vom 28.8.1952, die ein von Metz aufgebautes Löschgruppenfahrzeug LF 8 mit 800-l-Vorbaupumpe auf Ford-FK 2000-Fahrgestell zeigt. Bestellerin war die Freiwillige Feuerwehr Donaustauf.

Im Mai 1931 lief der erste Lastwagen in den neuerrichteten Ford-Werken, Köln-Niehl, vom Band. Bis 1945 wurden leichte und mittelschwere Lastkraftwagen von Ford gebaut (z.B. die bekannten Modelle BB und V 3000), die aber als Trägerfahrgestelle für Feuerwehraufbauten praktisch ohne Bedeutung blieben.
Erst nach Kriegsende konnte Ford – gegen starke und marktbeherrschende Konkurrenten – ins Feuerwehrgeschäft einsteigen, wobei man wohl anfangs den Vorteil hatte, schon ab Mai 1945 wieder Lastwagen produzieren zu können. Es war zunächst der bewährte Dreitonnen-Typ „Ruhr" (B 3000), zu dem sich 1946 das Modell „Rhein" mit V 8-Motor gesellte. Diese bis 1951 in der Herstellung befindlichen Typen wurden auch für Feuerwehraufbauten (besonders LF 8) verwendet.
Das ab 1948 lieferbare kleine Frontlenker-Fahrgestell vom Typ G 798 B wurde zwischen 1950 und 1952 zum Bau von Löschfahrzeugen herangezogen.
1951 wurde im wesentlichen durch Modernisierung der Frontpartie eine neue Modellreihe mit den Typen FK 2000, 3000 und 3500 vorgestellt, die bis zum erneuten Modellwechsel im Herbst 1955 nun häufiger für Feuerwehrzwecke verwendet wurden. Nach wie vor war das LF 8 der Hauptverwendungszweck; daneben entstanden aber auch einige LF 15 und LF 15-TS von verschiedenen Aufbauherstellern. TLF 15 (auf Allradfahrgestell) und DL 17 hingegen wurden nur in Einzelstücken gebaut.
Der ab 1953 lieferbare Transporter FK 1000 bzw. 1250 und spätere Transit erfreute sich, vorwiegend als TSF, großer Beliebtheit. Im Gegensatz zu seinem Hauptkonkurrenten,

Ford Transit aus dem Jahre 1965, noch 1990 als Gerätewagen-Sprungretter im Dienst der Düsseldorfer Berufsfeuerwehr.

dem VW-Transporter, besaß der Transit durch vornliegenden Motor eine durchgehende, vom Heck gut zugängliche Ladefläche. Dieser Typ sollte nach Einstellung der Lkw-Fertigung bei Ford bis in die jüngste Zeit das einzige Ford-Modell bleiben, dem ein dauerhafter Erfolg vergönnt war.
Die Ende 1955 vorgestellten Modelle mit neuartigen, ventillosen Zweitakt-Dieselmotoren (Vergasertriebwerke waren auch weiterhin lieferbar) bewährten sich nicht und zwangen Ford 1961, sich ganz aus dem deutschen Lkw-Geschäft mit eigenen Modellen zurückzuziehen. Aus dieser Reihe wurde vorwiegend der Typ FK 2500 als Fahrgestell für LF 8 (in der Vergaservariante) verwendet.
Ab 1961 blieb nur noch der erfolgreiche Transit im Angebot.

Ford FK 2500 als Löschgruppenfahrzeug LF 8, das 1957 von der Firma Schlingmann/Dissen aufgebaut wurde. Als Antriebsaggregat dieses an die Freiwillige Feuerwehr Hörstel b. Rheine gelieferten Fahrzeugs diente der konstruktionsmäßig noch aus der Kriegszeit stammende V-8-Vergasermotor mit 100 PS.

Von der Feuerwehr Gent/Belgien in Auftrag gegeben war das abgebildete Sonder-Löschfahrzeug SLF 30 auf amerikanischen Ford-F-8-Fahrgestell, das im Oktober 1950 in der damals typischen Metz-Omnibusbauweise errichtet wurde. Das Fahrzeug besaß eine Hochdruckpumpe, CO_2-Löscheinrichtung und zwei auf dem Aufbaudach montierte Werfer. Mit dieser Ausrüstung war das Fahrzeug auch in der Lage, den Feuerschutz auf Flugplätzen zu übernehmen.

Löschgruppenfahrzeug LF 8 mit Metz-Aufbau auf Ford FK 2000 vor der Ablieferung an den Auftraggeber, der Freiwilligen Feuerwehr Elmpt, am 3.9.1952 auf dem Metz-Werksgelände. Die LF 8-Aufbauten auf Ford-Fahrgestellen wurden zu der Zeit mit und auch ohne Vorbaupumpen ausgeführt. (02)

Ford FK 3500 mit 95-PS-V-8-Motor als Sonderlöschfahrzeug SLF 25 A in offener Ausführung, geliefert an die Feuerwehr Quito/Ecuador. Die Fertigstellung erfolgte im November 1953 durch die Firma Metz. Das beeindruckend schöne Fahrzeug war mit einer Mittenpumpe mit 2800 l Pumpleistung, offenem seitlichen Bedienstand, 2500-l-Wassertank und 150 l Schaummittel ausgerüstet. Auf dem Dach des Aufbaus befand sich eine Schnellangriffseinrichtung mit 30 m Hochdruckschlauch. (02)

Borgward B 522 A/O (Allrad-Ottomotor) als Löschgruppenfahrzeug LF 8 in einer Frontaufnahme vom August 1985. Das 1961 von Ziegler aufgebaute und von der Freiwilligen Feuerwehr Amtzell in Dienst gestellte Fahrzeug besaß eine Vorbaupumpe und die für Ziegler-Aufbauten der damaligen Zeit typische Panoramafrontscheibe. Die Firma Ziegler verwendete bis 1961, dem Jahr des Borgward-Konkurses, für LF 8-Aufbauten besonders häufig Fahrgestelle dieses Herstellers. (17)

Borgward

Die Borgward-Werke, Bremen, gelangten als Fahrgestelllieferant für Feuerwehrfahrzeuge erst nach Kriegsende zu einer Bedeutung.

Besonders beliebt als Basisfahrgestell für Feuerwehrfahrzeuge war das ab Sommer 1954 lieferbare B 2500-Chassis, ab 1959 als B 522 bezeichnet, das zunächst mit einem 60-PS-Dieselaggregat, ab 1956 aber auch mit einem Sechszylinder-Vergasertriebwerk mit 82 PS erhältlich war. Dieses 2,5-t-Chassis war Borgwards wichtigstes Standbein im Feuerwehrgeschäft, wenngleich es auch stückzahlmäßig an seinen Hauptkonkurrenten, den Opel-Blitz 1,75 t, nicht heranreichen konnte. Fast noch größere Bedeutung erlangte die Allradversion (B 2500 A bzw. B 522 A) dieses Fahrgestells für TLF 8- und LF 8-Aufbauten, denn in dieser Klasse war das Chassis damals nahezu ohne Konkurrenz.

Ab 1955 lieferte Borgward den Kübelwagen B 2000 A/O an die Bundeswehr. Viele dieser Fahrzeuge wurden später von Feuerwehren übernommen und dort zumeist als geländegängige Mannschaftstransportfahrzeuge (MTW) eingesetzt. Alle übrigen Borgward-Fahrgestelle hatten bei den Feuerwehren keine Bedeutung, da sie nur in wenigen Einzelstücken verwendet wurden.

Borgward B 2000 A als Mannschaftstransportwagen (MTW), vom Bundesgrenzschutz (BGS) übernommen und in Eigenregie von einer freiwilligen Feuerwehr umgebaut. Das von den Feuerwehrfreunden Mühldorf erhaltene Fahrzeug besitzt Allradantrieb und Einfachbereifung hinten. Über dem Platz des Beifahrers befindet sich die runde Dachluke, die ursprünglich für Einweisungsdienste benötigt wurde. (17)

Aus einem Bundeswehr-Lkw 0,75 t gl (geländegängig), der als Funkwagen im Dienst stand, wurde durch Eigenumbau der Freiwilligen Feuerwehr Basdahl (Niedersachsen) ein Gerätewagen erstellt. Das 1957 gebaute Fahrzeug war auf dem Borgward-B 2000 A/O-Fahrgestell entstanden, das mit einem Sechszylinder-82-PS-Vergasermotor bestückt war. Der Wagen erreichte damit 95 km/h. (17)

Wohl ein Einzelstück war dieses von Metz auf Hanomag-AL-28-Allradfahrgestell aufgebaute Löschgruppenfahrzeug LF 8 mit Vorbaupumpe, dessen Aufnahme im Juni 1956 entstand. Der Hanomag L 28 war der erste leichte Diesel-Lastkraftwagen in Deutschland nach dem Kriege. Das abgebildete Fahrzeug besaß das 2,5-t-Fahrgestell und war mit einem Vierzylinder-Dieselmotor mit Wasserkühlung, 2799 cm^3 Hubraum und 65 PS Leistung ausgerüstet. (02)

Hanomag

Die Hauptaktivität dieser Firma auf dem Nutzfahrzeugsektor, bekannt geworden durch den erfolgreichen kleinen Frontlenker „Kommißbrot" der zwanziger Jahre, lag bis 1945 auf der Fertigung von Straßenzugmaschinen verschiedener Leistungsgrößen, wobei der schwere Typ SS 100 am bekanntesten war.
Als Fahrgestellieferant für Feuerwehrfahrzeuge kam die Hanomag erst nach dem Krieg in Betracht, als im Jahre 1952 das 2-t-L 28-Modell, ein 50-PS-Diesellastwagen, auf den Markt kam. Ende 1953 kam eine 2,5-t-Version mit 65 PS und Roots-Gebläse hinzu.
Dieses Fahrgestell wurde für leichte Feuerwehraufbauten (Löschgruppenfahrzeuge LF 8) recht häufig von allen deutschen Feuerwehrausrüstern verwendet.
Analog dazu gab es ab 1955 den höher gesetzten Hanomag-Allradtyp AL 28 mit anfangs 65, später 70 PS Motorleistung, der vom Bundesgrenzschutz beschafft wurde. Manche dieser Fahrzeuge gelangten später zu Feuerwehren, die vielseitige Verwendung (besonders als MTW) für diese voll geländetauglichen Wagen fanden.
Die die L 28-Baureihe ab Ende 1958 ablösenden Frontlenkermodelle „Kurier, Garant und Markant" wurden, mit Ausnahme einiger auf Hanomag Kurier gesetzte Löschgruppenfahrzeuge LF 8, im Gegensatz zum Vorgängertyp, nur selten für Feuerwehraufbauten verwendet.
Im Frühjahr 1967 wurde die völlig neue, im Baukastensystem konstruierte F-Modellreihe vorgestellt, die die bisherigen Frontlenker mit den rundlichen Fahrerkabinen ablöste. Für Feuerwehraufbauten kam von den angebotenen Modellen der 80-PS-Typ F 46 in Frage, der besonders von Bachert häufig für LF 8 genommen wurde. Die Firma Arve, Springe, stellte auf dem schweren Typ F 55 eine kleine Serie Tanklöschfahrzeuge TLF 8 her.
1971 übernahm die Daimler-Benz AG den gesamten Fertigungsbereich von Hanomag-Henschel und beendete die Herstellung der bewährten F-Reihe.

Hanomag L 28 als LF 8 mit Metz-Aufbau in einer Aufnahme vom Oktober 1957 der Freiwilligen Feuerwehr Lindau. Diese Fahrzeuge gab es teilweise auch mit Mittenpumpe. (02)

Hanomag L 28 als Lkw mit Doppelkabine mit Plane und Spriegel als Fahrzeug der Berufsfeuerwehr Dortmund. Dieser vielseitig verwendbare kleine Lastkraftwagen entstand vermutlich durch Eigenumbau. (09)

Gerätewagen mit Vorbauseilwinde und Bachert-Aufbau auf Hanomag-L 28-Fahrgestell der Berufsfeuerwehr Bielefeld. Weitere Angaben zu diesem seltenen Kofferfahrzeug sind leider nicht bekannt. (07)

Löschgruppenfahrzeug LF 8 mit Ziegler-Aufbau auf Hanomag L 28 vor der Ablieferung. Dieses mit Vorbaupumpe ausgerüstete Fahrzeug besaß als Besonderheit eine Sirene mittig oberhalb der Frontscheibe. (04)

Bei der Freiwilligen Feuerwehr Beuchte/Harz stand noch im Sommer 1983 dieser Hanomag-L 28 G-Kübelwagen (ehemals MTW der Bereitschaftspolizei) aus dem Jahre 1958 im Einsatz. Den Fahrzeugaufbau erstellte die Firma Hebmüller; der Wagen besaß ein Faltverdeck, das auf diesem Bild geschlossen ist. (17)

Mittenpumpe und ein Aufbau mit Rolládenverschlüssen sind die Besonderheiten dieses von Bachert 1957 erbauten LF 8 auf Hanomag-L 28-Fahrgestell, das sich im April 1982 bei der Freiwilligen Feuerwehr Dossenheim (b. Heidelberg) im Einsatz befand. (17)

Die Freiwillige Feuerwehr Daun stellte in den siebziger Jahren einen aus dem Polizeidienst stammenden BGS-Pritschenwagen als Gerätewagen in Eigenleistung her. Dieser im Sommer 1984 aufgenommene Wagen wurde 1963 gebaut und verfügte über ein 70-PS-Dieselaggregat, das dem Hanomag AL 28 eine Spitzengeschwindigkeit von knapp 80 km/h verlieh. (17)

Ab 1963 wurde der Har omag AL 28 durch eine kantigere Motorhaube modernisiert. Hie- ein Hanomag AL AS 28 aus dem Bestand der Bereitschaftspolizei von 1966, der sich im Sommer 1986 bei der Freiwilligen Feuerwehr Riesbrick (b. Flensburg) als Mannschaftstransportfahrzeug im Einsatz befar d. (17)

Büssing

Fahrzeuge auf Büssing-NAG-Fahrgestellen gehörten zu den besonderen Raritäten bei den Feuerwehren. Von Einzelstücken einmal abgesehen, sind aus der Vorkriegszeit lediglich größere Beschaffungen der Berufsfeuerwehren Braunschweig und Leipzig bekannt geworden. Es handelte sich um Kraftfahrdrehleitern und Kraftfahrspritzen KS 25, die auf Büssing-NAG-500–5-t-Chassis mit 95, später 105 PS Motorleistung aufgebaut wurden. Die feuerwehrtechnischen Aufbauten erstellte überwiegend Metz.
Auch nach 1945 spielte das Braunschweiger Unternehmen bei den Feuerwehren keine Rolle. Das hieß natürlich nicht, daß bei den Feuerwehren keinerlei Büssing-Fahrzeuge in Dienst standen. Hierbei handelte es sich aber fast immer um geringfügig modifizierte Serien-Lkw oder um ehemalige Lastkraftwagen, die man umgerüstet hatte.

Kraftfahrspritze KS 25 (erkennbar am seitlich offenen Pumpenstand) mit Metz-Aufbau aus dem Jahre 1937 bei der Feuerlöschpolizei Leipzig. Verwendet wurde als Fahrgestell das Büssing-NAG-Chassis vom Typ 500, das mit dem LD-6-Dieselmotor (Sechszylinder) mit 7412 cm^3 Hubraum und 95 PS ausgerüstet war. Büssing-Feuerwehrfahrzeuge waren schon immer sehr selten; als eine der wenigen Ausnahmen stellte die Leipziger Feuerwehr vor dem Kriege mehrere Exemplare auf Fahrgestellen dieses Herstellers in Dienst.(02)

Ein Einzelstück war dieser Rüstkranwagen (RKW) 10, den Metz 1952 für die Stadt Frankfurt ausrüstete. Das auf Büssing 8000 aufgebaute, schwere Fahrzeug besaß eine 10-t-Krananlage (elektromotorischer Antrieb) und kam als Hilfsgerätewagen bei der Frankfurter Straßenbahn zum Einsatz. Er wurde von einem gewaltigen Sechszylinder-Dieseltriebwerk mit 13439 cm^3 Hubraum und 150 PS angetrieben, blieb bis 1975 im Einsatz und ist bis heute als Museumsstück erhalten geblieben. Hier sehen wir das Fahrzeug mit ausgefahrenen Abstützungen bei einer Werkserprobung. (02)

Anfang der fünfziger Jahre orderte die US-Army Löschfahrzeuge bei deutschen Feuerwehrgeräteherstellern, deren Ausrüstung und Bestückung sich nach amerikanischen Vorbildern richtete. Hier ein Krupp-Südwerke vom Typ L 45 aus dem Jahre 1949 in einer im November 1953 in Heidelberg entstandenen Aufnahme. Dieses LF 25 war mit einem Sechszylinder-110-PS-Vergasertriebwerk ausgerüstet, das 8844 cm^3 Hubraum besaß. Die feuerwehrtechnische Beladung lautete wie folgt: Wassertank 2000 l, Feuerlöschkreiselpumpe FPH 25 mit 2500 l und 500–600 m Druckschlauch, der in Buchten gelagert war und während der Fahrt ausgelegt werden konnte. (02)

Krupp

Die Krupp-Werke, Essen, lieferten 1921 die erste Automobilspritze an die Berufsfeuerwehr Essen, den beständigsten Abnehmer dieser Fahrzeuge, denn bis zur Produktionseinstellung im Jahre 1968 gab die Essener Feuerwehr (ähnlich wie die BF Kassel bei den Henschel-Werken) einen Teil ihrer Fahrzeuge auf Krupp-Fahrgestellen in Auftrag.
Ab 1925 übernahm zunächst überwiegend die Firma Meyer-Hagen den Aufbau der wenigen Automobilspritzen und Mannschaftswagen, die schon mit Quersitzbänken, und ab 1930 mit vollständig geschlossenen Aufbauten ausgeführt waren. Es gelangten leistungsfähige Pumpen mit 2–3000 l Fördermenge zum Einbau. 1928 wurde ein Flugplatzlöschfahrzeug für den Berliner Zentralflughafen Tempelhof mit Minimax-Anlage auf Krupp-4-t-Dreiachs-Geländewagenfahrgestell geliefert und 1935 stellte die Werksfeuerwehr der Friedrich Krupp AG, Essen, eine mit Metz-Stahlleiterpark ausgerüstete Kraftfahrdrehleiter mit 40 m Steighöhe in Dienst, die von dem Sechszylinder-Vergasermotor, Typ M 12 mit 110 PS, angetrieben wurde. Nach Kriegsende wurde die Lkw-Fertigung mit der Produktion des 110-PS-Typs L 45 in Kulmbach unter der Firmenbezeichnung „Südwerke" wieder aufgenommen. Auf diesem Fahrgestell wurden für die US-Streitkräfte einige LF 25 angefertigt. Ab 1951 kam ein Auftrag über 98 LF 20 hinzu, die

Krupp-Südwerke des Typs FL 45 mit 110-PS-M-14-Vergasermotor mit LF-20-Aufbau von Metz nach US-Baurichtlinien gefertigtes Löschfahrzeug für die US-Streitkräfte in Deutschland. Der 4,5-t-Frontlenkerwagen, der eigens für diesen Zweck als Variante des L 45-Haubenwagens entwickelt worden war, besaß eine in der Fahrzeugmitte eingebaute 2000-l-Feuerlöschkreiselpumpe mit offenem Bedienstand und einen Löschwasservorrat von 800 l. Diese Fahrzeuge wurden von 1951 bis ca. 1953 in insgesamt 98 Exemplaren gebaut. Einige Exemplare gelangten später zu freiwilligen Feuerwehren, wo sie oft viele Jahre im Dienst standen. (02)

Löschgruppenfahrzeug LF 16 mit Bachert-Aufbau auf Krupp Widder K 60.2 W 3 von 1963, als eines der fünf in den Jahren 1963/64 von der Berufsfeuerwehr Essen beschafften Fahrzeuge. Unter der Haube des Fahrzeugs arbeitete ein Dreizylinder-Zweitakt-Diesel mit Wasserkühlung, der 126 PS aus 4362 cm^3 Hubraum erzeugte. Der mit Panoramafrontscheibe, Ganzstahlkabine und 4,15 m Radstand gebaute Wagen befindet sich heute in Privatbesitz. (17)

auf der dafür entwickelten Frontlenkerversion des L 45 entstanden.
Die erste 1951 von der BF Essen beschaffte Drehleiter auf Krupp-Mustang-Fahrgestell besaß eine Steighöhe von 36 + 2 m und stand bis 1973 im Einsatz. Dieser folgten 1955 zwei DL 30 auf modifiziertem Mustang-Fahrgestell. Das letzte der insgesamt 22 nach dem Krieg an die Essener Feuerwehr gelieferten Fahrzeuge, eine DL 30 h auf dem L-806-Fahrgestell mit Cummins-Motor, steht heute noch als Reserveleiter im Dienst. Bemerkenswert waren auch zwei von Metz aufgebaute DL 52 auf Krupp-Tiger-Chassis, die 1956 und 1957 an die Volksrepublik China und an die Feuerwehr Ost-Berlins geliefert wurden.

Neben Drehleitern und Standardfahrzeugen – LF 16, LF 16-TS und TroTLF 16 – versuchte Krupp, die Eignung ihrer für Feuerwehrzwecke durchweg zu schweren Fahrgestelle auch für andere Verwendungszwecke des Feuerwehrdienstes unter Beweis zu stellen. Bemerkenswert war das ab 1953 angebotene 8-t-Allradfahrgestell vom Typ AL 80 „Drache", auf das 1955 einige FLF 30 bzw. SLF 30 a sowie zwei Kranwagen KW 20 für die Feuerwehren Mülheim/Ruhr und Essen aufgebaut wurden. Darüber hinaus erfolgten einzelne Aufbauten als Kranwagen (KW 12,5 t mit Kirsten-Aufbau) und eines Gerätewagens GW 3 auf Krupp AK 701 von Metz. Für die KW 12,5 wurden bereits neue Frontlenkerfahrgestelle vom Typ Krupp LF 301 verwendet.

Trocken-Tanklöschfahrzeug Tro TLF 16 mit Bachert-Aufbau und eingebauter Pulverlöschanlage von Minimax auf Krupp-Widder-K 60 W 3-Chassis aus dem Jahre 1963. Das von der BF Essen in Dienst gestellte Fahrzeug besaß einen 1700-l-Wassertank über der Hinterachse und 100 l Schaummittelkonzentrat in Kanistern. Die Außerdienststellung des heute noch erhaltenen Wagens erfolgte Anfang der achtziger Jahre. (17)

Henschel

Henschel HS 100 A als TLF 16 mit Metz-Aufbau, geliefert 1960 an die Berufsfeuerwehr Kassel. Das 10 t schwere Tanklöschfahrzeug besitzt ein Sechszylinder-Dieselaggregat mit 132 PS und gehört heute zum Museumslöschzug der BF Kassel. (17)

Nicht gerade häufig waren Feuerwehrfahrzeuge auf Henschel-Fahrgestellen. Bekannt sind Fahrzeuge dieses Fabrikats von der Kasseler Feuerwehr, die laufend einen Teil der benötigten Fahrzeuge durch diese „Hausmarke" deckte.

Die Henschel-Werke Kassel, bekannt als Lokomotivfabrik, begannen nach dem Ersten Weltkrieg, sich nach einem neuen Fertigungsgebiet umzusehen. 1925 begann die Lkw-Fertigung mit dem Lizenzbau des Schweizer FBW-Lastwagens vom Typ „Rex", den aber schon bald eigenständige Konstruktionen ablösten.

1932 lief die Fertigung des neuentwickelten und im Luftspeicherverfahren arbeitenden „Lanova"-Dieselmotors im Lizenzbau an, der schon bald als Antriebsaggregat für das umfangreiche Lastwagen-Programm verwendet wurde.

Waren Henschel-Fahrgestelle bis dahin Ausnahmeerscheinungen im Feuerwehrfahrzeugbau (z.B. wurde im November 1935 von der werkseigenen Feuerwehr eine von Magirus aufgebaute Kraftfahrspritze KS 15 auf Henschel-Chassis erstellt) änderte sich die Situation, als das Reichsluftfahrtministerium (RLM) für die Fliegerhorstfeuerwehren der Luftwaffe von 1936–1940 über 600 Tankspritzen TS 2,5 bzw. 2,5 a von Metz und Magirus auf dem geländegängigen 33 FA 1-Sechszylinder-100-PS-Fahrgestell fertigen ließ. Ebenso befanden sich Fliegerkraftfahrspritzen FlKS 15 auf 30 BA 1 in der Produktion. Darüber hinaus wurden auf

Für die Nordseewerke Thyssen, Emden wurde 1968 von Bachert ein Tanklöschfahrzeug TLF 16-T (mit Truppfahrerhaus und 2800-l-Wassertank) auf Henschel HS 12 HAK (Haubenallradkipper)-Fahrgestell geliefert. Dieses Einzelstück, das über eine Motorleistung von 132 PS verfügte und 12 t zulässiges Gesamtgewicht auf die Waage brachte, stand auch im Frühjahr 1993 noch im Einsatzdienst. (17)

schwere Henschel-Fahrgestelle einige für Exportzwecke bestimmte Metz-Drehleitern aufgebaut. Ein Rüstkranwagen für die BF Kassel auf Henschel-Dreiachser wurde ebenfalls geliefert.
Nach Kriegsende kam Henschel wiederum nur mit Einzelstücken zum Zuge, die fast alle auf dem 1951 erstmals vorgestellten Typ HS 100 und seinen Folgemodellen aufgebaut wurden. Hauptabnehmer waren vor allem die in Kassel beheimateten Feuerwehren (Berufsfeuerwehr, Werksfeuerwehr Henschel-Werke und Feuerwehrschule). Darüber hinaus kam es aber immer wieder vor, daß einzelne Fahrzeuge auch von anderen Wehren geordert wurden. So erhielt im Jahre 1955 die Freiwillige Feuerwehr Varel ein von Meyer-Hagen aufgebautes Löschgruppenfahrzeug LF 16 und die Feuerwehr Butzbach 1962 ein von Arve gebautes TLF 16 auf Henschel-HS-11-HAK-Chassis. Vereinzelt gingen auch Fahrzeuge in den Export. Als Einzelstück stellte die BF Kassel 1953 einen Rüstkranwagen (RKW) 10 auf dem 6,5-t-Fahrgestell des Henschel HS 140 in Dienst.
Abschließend sollen die beiden von Metz bzw. Ziegler/Vogt hergestellten Fahrzeuge DL 30 und TLF 16 auf Henschel-F 170-Frontlenkerfahrgestell, die die Schweizer Feuerwehr Langenthal erwarb, erwähnt werden.
Mit der Übernahme der Henschel-Werke in den Daimler-Benz-Konzern endete 1972 auch die Lastwagenfertigung dieses Unternehmens.

Ein gewaltiges Fahrzeug ist diese 1936 bei Metz entstandene Kraftfahrdrehleiter mit sechsteiligem Stahlleitersatz und hängendem Fahrstuhl, die über eine Auszugslänge von 45 oder 46 m verfügt haben dürfte. Dieses als Exportfahrzeug auf Henschel-5 G 2-5-t-Fahrgestell errichtete Modell hatte ein noch offen ausgeführtes Fahrerhaus und ein Sechszylinder-Dieseltriebwerk mit 9123 cm^3 Hubraum unter der Haube, das 100 PS bei 1500 U/min erzeugen konnte. (02)

Für die Fliegerhorstfeuerwehren der Luftwaffe wurden ab 1936 geländegängige Flugplatztankspritzen TS 2,5 a auf Henschel-33 D 1-Dreiachs-Militärfahrgestell beschafft, deren Antriebsaggregat (Diesel) 100 PS aus 10857 cm^3 Hubraum erzeugte. Viele Fahrzeuge wurden nach dem Zusammenbruch von zivilen Feuerwehren requiriert und nach mehr oder weniger umfangreichen Umbauten dort wieder in Dienst gestellt. Dieses Exemplar gehörte einmal der österreichischen Feuerwehr Eisenstadt. (15)

Löschgruppenfahrzeug LF 15 mit Metz-Aufbau in einer Werksaufnahme vom Februar 1955. Der Aufbau des an die Berufsfeuerwehr Kassel gelieferten Fahrzeugs erfolgte auf Henschel-HS 100-Fahrgestell, das mit dem ab 1951 auf dem Markt befindlichen 512-DJ-Triebwerk mit 100 PS bestückt war. (02)

Auf dem Nachfolgemodell des Henschel HS 120, dem Typ HS 11 HAL, entstand 1963 bei Metz dieses TroTLF 16, welches zunächst von der Berufsfeuerwehr Kassel in Dienst genommen, später aber an die Kali & Salz AG, Werk Heringen/Werra, veräußert wurde. Im November 1991 stand das Fahrzeug bei einem Kilometerstand von 66300 in einer Feuerwehrzeitschrift zum Verkauf ausgeschrieben. Mittlerweile gehört es zum Museumsbestand der Kasseler Feuerwehr. (02)

Metz lieferte im Juli 1967 dieses Pulverlöschfahrzeug PLF 2000 auf Henschel HS-12-Fahrgestell an die Werksfeuerwehr der Esso AG, Raffinerie Ingolstadt. Dieses Löschfahrzeug mit Minimax-Pulveranlage verfügte über einen leistungsstarken Werfer. (02)

Nach dem Krieg mußte die BF Kassel Ersatz für den verschollenen Henschel-Kranwagen beschaffen. Was lag näher, als wiederum ein Fahrgestell des ortsansässigen Herstellers zu wählen. Die Metz-Werksaufnahme vom 13.1.1953 zeigt den von Metz erbauten Rüstwagen R 10 (RKW 10) mit 10-t-Krananlage, die um 360° drehbar war. Als Fahrgestell diente die erste Ausführung (noch mit glatter Kabinentür) des Henschel HS 140, dessen Sechszylinder-Diesel 140 PS bei 2000 U/min leistete und 8553 cm^3 Hubraum besaß. Der Radstand dieses Einzelstücks betrug 4,80 m; die erreichbare Höchstgeschwindigkeit knapp 70 km/h. (02)

Als Ersatz für einen nach dem Kriege von der US-Armee erworbenen Kenworth-Kranwagen, beschaffte die Berufsfeuerwehr Freiburg 1959 einen Dreiachs-Kranwagen Henschel HS 3-180 TAK mit Kässbohrer-Kabine und Kässbohrer-Autokran KS 36. Dieser Wagen wurde – ebenso wie sein Vorgänger – intern als Jumbo bezeichnet. Das Frontlenkerfahrzeug war mit einem Sechszylinder-180-PS-Triebwerk motorisiert, das über 11045 cm^3 Hubraum verfügte. Der Kranwagen brachte knapp 30 t zulässiges Gesamtgewicht auf die Waage. (11)

MAN

Die Maschinenfabrik Augsburg-Nürnberg (MAN) nahm 1915 die Lizenzfertigung von Schweizer Saurer-Lastwagen auf und lieferte bereits 1916 die erste Drehleiter (mit Magirus-Aufbau) an die BF Chemnitz, der nach Kriegsende weitere Fahrgestelle für Feuerwehrzwecke, besonders für die Stadt Augsburg, folgten.
Bis 1945 tat sich die MAN nicht gerade als häufiger Lieferant für Feuerwehrfahrzeuge hervor. Abgesehen von einigen Fahrzeugen für die Augsburger Berufsfeuerwehr waren es fast nur Einzelstücke, die gebaut wurden. Darüber hinaus fertigte die Firma Fischer, Görlitz, ab 1936 zumindest eine Serie von 10 Kraftfahrspritzen KS 25 auf MAN-D-1-Chassis, welches von einem Sechszylinder-80-PS-Dieselmotor angetrieben wurde. Auch einige 26-m-Leitern auf dem gleichen Fahrgestell wurden vom RLM beschafft.
Die Situation änderte sich auch nach Kriegsende zunächst nur wenig, da zum einen die MAN-Lastwagen in der schwereren Nutzlastklasse angesiedelt waren, zum anderen auch, daß die traditionellen Hersteller Mercedes und Magirus den Markt beherrschten und es jedem neuen Mitbewerber schwer machten. Die wenigen für Feuerwehrzwecke erstellten Fahrzeuge waren hauptsächlich Drehleitern für den Export, z.B. DL 45 auf MAN-MK-Fahrgestell für Bukarest, DL 52 auf MAN L 758 für die Volksrepublik China und MAN 630 L2 als DL 30 für die BF Nürnberg. Ebenso entstand ein RKW 10 von Metz auf MAN L 758 L1 für die Nürnberger Feuerwehr.
Mitte der fünfziger Jahre sah sich die MAN genötigt, das Fertigungsprogramm auch auf kleine Lastwagenmodelle auszudehnen. Aus dem neuentwickelten Kurzhauben-Typ 400 mit 4 t Nutzlast und 100 PS Motorleistung entstand 1957 der Typ 415 L 1 mit 115 PS, auf dessen Fahrgestell Metz die ersten LF und TLF 16 für die Berufsfeuerwehr Nürnberg baute. Nachdem 1958 die BF Berlin ebenfalls Löschgruppen- und Tanklöschfahrzeuge beschafft hatte, wurden Feuerwehrfahrzeuge auf MAN-Basis immer häufiger auch von anderen Wehren geordert. Bachert und Ziegler fertigten überwiegend die Aufbauten, während

MAN 635 HA (Allradantrieb) als TroLF 1500, ausgerüstet mit zwei 750-kg-Behältern von Total, das 1962 von der Flughafenfeuerwehr München-Riem in Dienst gestellt wurde. Das Trägerfahrgestell verfügte über folgende motortechnische Daten: Sechszylinder-Diesel, 145 PS bei 2500 U/min und 6987 cm³ Hubraum. Die Aufnahme entstand im Jahre 1985. (17)

Metz, von Drehleitern abgesehen, nur relativ wenige Fahrzeuge herstellte.
Ab 1965 wurde der stärkere Typ 450 H (4 t Nutzlast, 150, später 168 PS) angeboten, der bald zum Standardfahrgestell für LF, TLF und DL 30 wurde. Aber auch auf die schwereren Kurzhaubermodelle wurden Feuerwehrfahrzeuge aufgebaut.
Die Nachfolge des bis 1972 gefertigten Typs 450 trat das Modell 11.168 an, das ein zu hohes Eigengewicht hatte, so daß die Zuladung eingeschränkt war. Nicht nur aus diesem Grunde ging der Absatz der MAN-Kurzhauber allmählich zurück. Auch war die Tatsache, daß die Konkurrenz fast ausschließlich Frontlenker anbot, verkaufsmindernd. 1985 wurde der letzte MAN-Haubenwagen – ein 11.192 – ausgeliefert. Seither werden nur noch Frontlenker gefertigt.

Bei der Werksfeuerwehr der Erdöl-Raffinerie Ingolstadt, Eriag, befanden sich 1985 zwei Zumischer-Löschfahrzeuge ZLF 4500 (für 4500 l Schaummittel) mit Metz-Aufbauten im Dienst, die 1964 auf dem 7,5-t-MAN-770 HA-Fahrgestell errichtet wurden. Der Sechszylinder-Diesel des MAN 770 mit 9654 cm³ Hubraum erbrachte 172 PS bei 2200 U/min. (17)

Diese schwere Metz-DL 44 h (hydraulischer Leiterantrieb) mit eingebauter Mittenpumpe, ging 1969 als Exportlieferung nach La Plata/Argentinien. Das verwendete Fahrgestell MAN 12186 war mit einem 186PS starken Antriebsaggregat ausgerüstet. Die kurze Motorhaube dieses Leiterfahrzeugs wirkt besonders gedrungen und bullig. (02)

Hier eine 1962 für die argentinische Feuerwehr Quilmes von Metz erbaute DL 25 mit mechanischem Leiterantrieb auf dem 5,5-t-MAN-415 L 1-Fahrgestell. Der mit einer Mitteneinbaupumpe FPM 8/8 ausgerüstete Wagen war mit einem Sechszylinder-115-PS-Triebwerk motorisiert. (02)

Das Reichsluftfahrtministerium (RLM) beschaffte 1936 die hier abgebildete, von Metz aufgebaute KL 26 auf MAN-D 1-Fahrgestell (Sechszylinder-Diesel, 80 PS, 7269 cm^3 Hubraum), welche später von der BF Köln übernommen wurde und sich noch bis 1957 dort im Dienst befand. Die Abbildung zeigt das Fahrzeug bereits ohne polizeiliches Kennzeichen nach der Außerdienststellung. (13)

MAN 758 L 1 als Rüstwagen R 10 (RKW 10) mit Metz-Aufbau in einer Aufnahme vom Dezember 1955 vor der Ablieferung des Fahrzeugs an die Berufsfeuerwehr Nürnberg. Dieses Einzelstück verfügte über eine elektromechanische, um 360° drehbare 10-t-Demag-Krananlage sowie eine Vorbauseilwinde und wog voll ausgerüstet 14,3 t. Umfangreiches Gerät für alle Arten der technischen Hilfeleistung lagerten im geräumigen Aufbau. Das MAN-758-Fahrgestell, die kleinere Version des bekannteren Typs F 8, wurde von einem Achtzylinder-Diesel mit 155 PS angetrieben, der 10644 cm^3 Hubraum besaß. Dieses 1978 außer Dienst gestellte Fahrzeug existiert heute noch. (02)

Anfang der sechziger Jahre begann eine zeitweise recht enge Zusammenarbeit zwischen dem Feuerwehrausrüster Magirus/Ulm und der Firma Faun. Durch Einbau eines Deutz-Dieselmotors wurde das Frontlenker-Faun-Fahrgestell des F 24 DL für LF 8-Aufbauten interessant. Dessen Nachfolgemodell, das unter der Bezeichnung F 26 DL/AF mit nunmehr 90 PS angeboten wurde, verwendete man ebenfalls für Löschgruppenfahrzeuge LF 8. Das hier gezeigte Exemplar wurde 1967 von der Freiwilligen Feuerwehr Mittenaar/Bicken in Dienst gestellt. (17)

Faun

Die Faun-Werke AG, Lauf a.d. Pegnitz, hatten bis Ende der fünfziger Jahre kaum Anteil am Bau von Feuerwehrfahrzeugen, da ihre Angebotspalette überwiegend auf schwere Fahrgestelle ausgelegt war.

Dies änderte sich zu Beginn der sechziger Jahre, als Magirus auf die Suche nach einem geeigneten Trägerfahrgestell für LF 8-Aufbauten ging, denn bei Magirus befand sich kein Fahrgestell dieser Gewichtsklasse im Angebot, so daß bei leichten Feuerwehrfahrzeugen schon immer auf Fremdfabrikate zurückgegriffen werden mußte. Da Faun seit 1957 ein leichtes, von Ostner übernommenes Frontlenker-Fahrgestell im Angebot hatte und sich dieses zum Einbau eines 60-PS-Deutz-Motors eignete, kam es bald zu einer Zusammenarbeit.

Bis 1965 wurde eine Reihe LF 8 an verschiedene Feuerwehren im gesamten Bundesgebiet von Magirus auf dieses F 24 DL-Fahrgestell aufgebaut. Die Stückzahlen blieben aber eher bescheiden. Daran änderte auch das ab dem Jahr 1965 technisch und optisch überarbeitete Fahrgestell F 26 DL/AF nichts, obwohl die Motorleistung des Deutz-Diesels auf 90 PS stieg und das Fahrzeug nun auch über Allradantrieb verfügte. Ende der sechziger Jahre wurde die Fertigung eingestellt. Abgesehen von einem 1968 für die Freiwillige Feuerwehr Neunkirchen/Sand von Magirus gefertigten TLF 16, trat Faun nur vereinzelt mit schweren Fahr-

Die Berufsfeuerwehr Mannheim beschaffte Anfang der sechziger Jahre den 15-t-Kranwagen vom Typ Faun LK 1212/18 V 8x6, der mit einem 250-PS-Deutz-Diesel-Motor bestückt war. Der Aufbau des 1963 gelieferten Fahrzeugs stammt von Krupp-Ardelt. Das zulässige Gesamtgewicht dieses schweren Ungetüms betrug 31 t. Mitte der achtziger Jahre stand dieser Wagen noch im Dienst. (17)

Löschgruppenfahrzeug LF8-TS mit Magirus-Aufbau auf Faun F 24 DL/AF von 1961, aufgenommen im Sommer 1981 auf der Wache Suderwich der Freiwilligen Feuerwehr Recklinghausen. Dieses Fahrzeug besaß ein Vierzylinder-64-PS-Antriebsaggregat. Die Vorbaupumpe befand sich hinter einer Klappe in der Fahrzeugfront. (17)

gestellen, die für Kranwagen und große Flugplatzlöschfahrzeuge in Frage kamen, bei den Feuerwehren in Erscheinung. Als Beispiel seien die beiden Anfang der sechziger Jahre von der Berufsfeuerwehr Mannheim beschafften Kranwagen genannt.

Andere Hersteller

Da das Saarland bis 1957 verwaltungsmäßig zu Frankreich gehörte, wurden viele Feuerwehrfahrzeuge dieser Region auf Fahrgestellen französischer Herkunft aufgebaut. Die hier abgebildete Berliet-GLC 6 a-DL 25 m (mechanischer Leiterantrieb) wurde im Juni 1954 von Metz an die Freiwillige Feuerwehr St. Ingbert/Saar ausgeliefert. Das Fahrzeug verfügte über eine 1500-l-Vorbaupumpe dessen Frontaufnahme einen besonders wuchtigen Eindruck hinterläßt. (02)

Neben den bisher vorgestellten Lastwagenherstellern, die für den Feuerwehrfahrzeugbau relevant waren, gab es eine wohl nie exakt feststellbare Anzahl von Fahrzeugen bei deutschen Feuerwehren, die auf Fahrgestellfabrikaten in Dienst gestellt wurden, die bisher nicht genannt waren. Viele dieser Fahrzeuge waren Sonder- oder Einzelanfertigungen oder auch durch Eigenumbauten der Wehren umgestaltete Fremdfahrzeuge.

Hier soll zunächst die große Gruppe ehemaliger Militärfahrzeuge genannt werden. Daß gerade in den ersten Nachkriegsjahren sehr viele ungewöhnliche Fahrzeuge – durch die Not der Zeit bedingt –, oft mehr oder weniger nur als

Von der Regierung des Saarlandes wurde dieses TLF 16 auf Unic-ZU 66 A/N-Fahrgestell im Jahre 1957 von Metz beschafft. Dieses fremdartig wirkende Fahrzeug besaß ein zulässiges Gesamtgewicht von 12 t und war mit einem 110-PS-Motor mit 6560 cm^3 Hubraum bestückt. (02)

Provisorien anzusehen, bei den Feuerwehren ihren Dienst verrichten mußten, liegt auf der Hand. Vereinzelt bewährten sich diese Fahrzeuge aber so gut, daß man Einzelstücke selbst noch in den achtziger Jahren antreffen konnte.

Aus amerikanischen Beständen sind GMC, Chevrolet, Dodge, Federal und andere bekannt geworden. Von der Wehrmacht stammte selbstverständlich der überall vertretene Opel-Blitz-Lkw, aber auch mittlere und schwere Einheits-Pkw, Halbkettenfahrzeuge, Faun-Zugmaschinen und andere. Selbst heute noch wird so manches ehemalige Bundeswehr- oder Bundesgrenzschutzfahrzeug zu einem preisgünstigen Feuerwehrfahrzeug umgerüstet.

Eine andere recht wenig bekannte Gruppe waren die bis 1957 für das Saarland, das nach dem Zweiten Weltkrieg verwaltungsmäßig bis zu diesem Zeitpunkt zu Frankreich gehörte, auf französischen Lkw-Fahrgestellen aufgebauten Feuerwehrfahrzeuge. Dies waren insbesondere Fabrikate der Firmen Berliet, Latil, Citroen und Unic.

Die auf diesen Seiten in zwangloser Folge im Bild vorgestellten Fahrzeuge sollen als Beispiele dieser Art für sich selbst sprechen.

Diese vom 12.9.1956 stammende Aufnahme zeigt das Einzelstück eines Metz-Rüstwagens R 10 (RKW 10) mit 10-t-Krananlage und Vorbauseilwinde, das auf dem schweren Latil-H 12 B 10 L-Chassis an die Regierung des Saarlandes geliefert wurde. In der Praxis wurde das Kranfahrzeug der Berufsfeuerwehr Saarbrücken zugeteilt. Dem Vernehmen nach soll dieses seltene Fahrzeug mittlerweile in einem Museum für die Nachwelt erhalten werden. (02)

Latil-Tanklöschfahrzeug TLF 16 mit Magirus-Aufbau, geliefert im Jahre 1955 an die Freiwillige Feuerwehr Dillingen. Das französische Latil-Fahrgestell besaß einen Sechszylinder-Motor mit 120 PS bei 8355 cm^3 Hubraum. Das zulässige Gesamtgewicht betrug 10590 kg. Das abgebildete Fahrzeug präsentiert sich hier bereits in neuzeitlicher Farbgebung. (17)

Unic ZU 66 A/N als TLF 16 mit Metz-Aufbau von 1957 der Freiwilligen Feuerwehr Ballweiler. Aufnahmedatum Juli 1984. (17)

In recht großen Stückzahlen wurden Löschgruppenfahrzeuge LF 8 auf den leichten französischen Citroen-9-CV-Fahrgestellen von verschiedenen saarländischen Aufbauherstellern für Feuerwehren dieser Region geliefert. Das abgebildete Exemplar wurde 1952 von der Firma Jacob & Söhne, Neunkirchen, im Auftrag der Werksfeuerwehr Neunkircher Eisenwerke, Homberg/Saar, gebaut. Der 9 CV besaß einen Vierzylindermotor von 56 PS bei 1911 cm^3 Hubraum. Das zulässige Gesamtgewicht betrug 4500 kg. (17)

Recht selten hingegen war der schwerere Typ Citroen Typ 55 UDI der hier als Unfallgerätewagen/Mannschaftstransportwagen im Mai 1982 beim Löschzug Furpach der Freiwilligen Feuerwehr Neunkirchen/Saar angetroffen wurde. Den Aufbau des 1954 gebauten Wagens besorgte die Karosseriefirma Schneider, Saarbrücken. Das zulässige Gesamtgewicht des Fahrzeugs, das heute von einem Sammler erhalten wird, betrug 9300 kg. (17)

Am 10.5. 1950 entstand die Aufnahme dieses US-amerikanischen GMC CCKW 353 6×6, auf dessen Fahrgestell die Firma Metz ein Tanklöschfahrzeug TLF 15 für die amerikanischen Streitkräfte in Deutschland aufbaute. Das Fahrzeug besaß einen 3000-l-Wassertank, Heckpumpe, Schnellangriffseinrichtung und Vorbauseilwinde. Die Doppelkabine war geschlossen ausgeführt. (02)

Ein ähnliches Fahrzeug baute Metz knapp ein Jahr später für den gleichen Auftraggeber. Dieses allradgetriebene Fahrzeug der 2,5-t-Nutzlastklasse besaß ein offenes Fahrerhaus. Aufnahmedatum 4.4.1951. (02)

Aus Beständen der Deutschen Wehrmacht stammte dieser Mittlere Zugkraftwagen 8 t (Sd.Kfz.7) vom Typ Krauss-Maffei KM m 11, bekannter unter der Bezeichnung 8-t-Zugmaschine, der in den Nachkriegsjahren mit Bilstein-Kranaufbau bei der Berufsfeuerwehr Linz/Donau Dienst tat. Die Zugmaschine, die sich im Kriege besonders als Zugmittel für Schwere Flak sehr bewährte, wurde von dem Sechszylinder-Maybach-Vergasermotor HL 62 TUK mit 6191 cm^3 Hubraum angetrieben, der 140 PS bei 2600 U/min erzeugte. Dieser war überaus durstig: Verbrauch im Straßenbetrieb 80 l/100 km, im Gelände war der doppelte Wert anzusetzen! Das zulässige Gesamtgewicht dieses voll geländegängigen Halbkettenfahrzeugs betrug 11,6 t. (15)

Bei der österreichischen Feuerwehr Baden b. Wien befand sich diese Zugmaschine mit Kranaufbau vom Typ Faun-Diesel ZR im Einsatz, die sich zwischen 1940 und 1944 in Produktion befand. Der Antrieb erfolgte durch den Deutz-F 6 M 517-Sechszylinder-Diesel mit 13540 cm^3 Hubraum und einer Leistung von 150 PS bei 1600 U/min. (15)

Kranfahrzeug der Berufsfeuerwehr Salzburg aus den fünfziger Jahren. Dieses Unikat bestand aus einem Klöckner-Deutz-S-4500-Fahrgestell mit Sechszylinder-125-PS-Motor als Vorkammer-Diesel von Deutz und einem Kranaufbau russischer Herkunft mit unbekanner Hubkraft. (15)

Französische Feuerwehren stellten nach Beendigung des 2. Weltkrieges eine große Anzahl sog. Waldbrand-Löschfahrzeuge unterschiedlicher Aufbauformen auf ehemaligen US-amerikanischen 2,5-t-Einheitslastkraftwagen der Typen GMC und Studebaker in Dienst. Dieses auf GMC CCKW 353 aufgebaute TLF von 1950 besaß einen 3000-l-Wassertank sowie ein geschlossenes Stahlfahrerhaus. 1984 befand sich das Fahrzeug bei der Feuerwehr St. Avold im Dienst. (17)

Hier ein ähnliches Fahrzeug der gleichen Wehr und gleichen Baujahres mit 4000-l-Wassertank, das überdachte Mannschaftssitzplätze hinter dem mit Faltverdeck versehenem Fahrerhaus besaß. (17)

Auch bei belgischen Feuerwehren konnte man bis weit in die achtziger Jahre hinein noch so manches ehemalige Militärfahrzeug aus US-Beständen antreffen. Hier ein GMC-Wassertankwagen mit 4000 l Inhalt, der früher als Militärtankwagen im Dienst stand. Der 1953 gebaute Dreiachser verfügte über eine Vorbauseilwinde und ein Pumpaggregat unterhalb des Tanks. Die Aufnahme entstand im Frühjahr 1984 bei der Feuerwehr Verviers. (17)

Auch in Deutschland wurde so manches amerikanische Militärfahrzeug für Feuerwehrzwecke umgebaut. Führend auf diesem Gebiet war seinerzeit die Firma Meyer-Hagen in Hagen, die als erste die überaus durstigen Vergasermotoren durch wirtschaftlichere Henschel-Dieselaggregate mit 95 PS ersetzte. Dieses 1951 auf GMC-Dreiachsfahrgestell von Meyer-Hagen aufgebaute Tanklöschfahrzeug TLF 15 war für die Werksfeuerwehr der Union Rheinische Braunkohlen-Kraftstoff-Aktiengesellschaft, Wesseling (Union Kraftstoff), bestimmt, die früher mehrere Wagen dieser Bauart im Einsatz hatte. Der mittlerweile ausgemusterte Feuerwehrwagen steht heute bei einem Sammler vor der Totalrestaurierung. (17)

Schwerer Einheits-Pkw der Wehrmacht (hier ehemaliger Sanitäts-Kraftwagen, Kfz. 31) als Mannschaftstransportwagen auf Horch-V-8-108-Allradfahrgestell, in den fünfziger Jahren bei der österreichischen Feuerwehr Krieglach/Steiermark im Einsatz. (15)

Ein ehemaliges Kfz 15 (4×4) der Deutschen Wehrmacht (mittlerer Einheits-Pkw) diente der Freiwilligen Feuerwehr Adnet/Salzburg als Behelfslöschfahrzeug, das hier beim Ausrücken zu einer Übung zu sehen ist. Das Fahrzeug, ein Horch V 8-901, war mit einem Achtzylinder-80-PS-Vergasermotor bestückt, der 3517 cm^3 Hubraum besaß. Das Reserverad diente gleichzeitig als Stützrad, das das Aufsetzen des Wagens im Gelände verhindern sollte.(05)

Kleinlöschfahrzeug KLF 8-TSA 8 auf Tempo Matador 1400 mit Metz-Aufbau vom April 1954, geliefert für die Werksfeuerwehr TWS. Dieses Fahrzeug, bestückt mit einem Vierzylinder-34-PS-Heinkel-Motor mit 1093 cm^3 Hubraum, hatte eine Tragfähigkeit von 1,4 t, einen relativ langen Radstand, Kofferaufbau und Mitteneinbaupumpe. Die Höchstgeschwindigkeit lag bei 80 km/h. (02)

Lloyd LP 600 Kombi, gebaut zwischen 1955 und 1961, am 10.3. 1959 als Revisions- u. Störungswagen 1 für die Feuerwache 1 der Berufsfeuerwehr Düsseldorf in Dienst gestellt. Dieser kleine Kombi war mit einem Zweizylinder-Viertaktmotor mit 596 cm^3 Hubraum ausgerüstet, der 19 PS bei 4500 U/min leistete und 100 km Höchstgeschwindigkeit erreichen konnte. Die Außerdienststellung erfolgte am 9.2.1965. (10)

Dodge WC 52 Dreivierteltonner aus dem Jahre 1945 als Löschfahrzeug mit Vorbaupumpe und Rosenbauer-TS 8/8 der niederländischen Feuerwehr Schoonebeck. Dieses ehemalige Militärfahrzeug besaß eine umfangreiche und vielseitige Beladung, die aus zwei großen Schlauchhaspeln, Saugrohren und Leitern bestand. (17)

Dodge WC 6×6-1,5-t-Dreiachser mit Sechszylinder-76-PS-Vergasermotor als Mannschaftstransportwagen der Freiwilligen Feuerwehr Hirschau/Oberpfalz. Das Fahrerhaus, das mit Behelfstüren versehen wurde, war, ebenso wie der Mannschaftsraum, mit Plane bzw. Persenning abgedeckt. Das Fahrzeug, das hin und wieder auf Fahrzeugtreffen zu sehen ist, verfügt über eine Vorbauseilwinde. (17)

Auch Motorräder wurden als Nachrichten- und Meldefahrzeuge von manchen Feuerwehren eingesetzt. Meist verwendete man Maschinen der mittelschweren Klassen. Hier eine BMW 250 mit 18 PS, die von der Freiwilligen Feuerwehr Böblingen 1954 in Dienst gestellt wurde. Das Zweirad besaß sogar Blaulichter! (17)

Die westalliierten Armeen des Zweiten Weltkrieges verfügten über eine verschwenderische Ausstattung an schweren Zugmaschinen, Kran- und Bergefahrzeugen, die nach Beendigung der Kampfhandlungen größtenteils überflüssig wurden. Die meisten Fahrzeuge wanderten zum Schrott; einige gingen an zivile Erwerber, wozu auch Feuerwehren gehörten. Noch im April 1983 hatte die Werksfeuerwehr Buderus, Wetzlar, diesen 1942 in den USA gebauten 9-t-Kranwagen vom Typ Federal Motor Truck im Einsatz, der in Eigenleistung umgebaut worden war. Das 18,6 t schwere Fahrzeug war mit einem entsprechend durstigen 180-PS-Vergasermotor mit 14013 cm^3 Hubraum ausgerüstet, der diese Leistung bei 2000 U/min erzielte. (17)

Phänomen Granit 1500A mit Allradantrieb und Einheitsfahrerhaus als Pumpwagen (LFA) der Freiwilligen Feuerwehr Opponitz/Niederösterreich. Die Phänomen-Werke Zittau fertigten diese mit Vierzylinder-50-PS-Motoren ausgerüsteten leichten Lastkraftwagen für die Deutsche Wehrmacht, die die Fahrzeuge überwiegend als Sanitätskraftwagen (Sankra) einsetzte. Dieses Fahrzeug wurde 1952 für Feuerwehrzwecke umgebaut und mit einer Vorbaupumpe (mit Anlaßkurbel) ausgerüstet. (15)

Links: Wohl niemand vermutet, daß sich unter dieser schmucken, fantasievollen Karosserie ein Mercedes-Benz L 4500 S verbirgt. Das Ursprungsfahrzeug, 1943 als Löschgruppenfahrzeug LF 25 von der Feuerschutzpolizei Düsseldorf in Dienst gestellt, ging im Jahre 1950 an die Firma Meyer-Hagen, Hagen, zwecks Umbau zu einem Rüstkranwagen (Ersatzbeschaffung für das durch Kriegseinwirkung in Verlust geratene Fahrzeug). Der neue, intern als RKW 1 bezeichnete Wagen, besaß eine 7-t-Krananlage und einen 15-KVA-Generator und wurde am 29.5. 1951 mit dem polizeilichen Kennzeichen BR 630-501 in Dienst gestellt. Trotz mancher Unzulänglichkeiten hinsichtlich des großen Gewichts der überdimensionierten Krananlage, leistete das Fahrzeug bis zur Ausmusterung am 18.9.1964 in den schwierigen Jahren des Aufbaus gute Dienste. Leider blieb dieses schöne Fahrzeug nicht erhalten. (10)

Rechte Seite:
Es gibt (fast) nichts, was es bei der Feuerwehr nicht gibt: Tempo Matador als Löschfahrzeug der Berufsfeuerwehr Köln Anfang der fünfziger Jahre in einer Einsatzaufnahme. Der Matador-Transporter war für 1 t Nutzlast ausgelegt und wurde von dem 25-PS-Boxermotor des VW-Käfers angetrieben. Links daneben eine Opel-P-4-Limousine. (13)

BR 813-543
FEUERWEHR

Fahrzeuge aus der DDR

Mittlerer Zugkraftwagen 5 t (Sd.Kfz 6) Typ BN/L 7 (Büssing-NAG) von 1936 als geländegängiger Rüstkraftwagen der Feuerwehr Potsdam. Dieses ehemalige Wehrmachtsfahrzeug, das von dem Sechszylinder-Maybach-Vergasermotor NL 38 TR mit 3790 cm^3 Hubraum angetrieben wurde, leistete 100 PS bei 2800 U/min und erhielt einen geschlossenen Kastenaufbau mit Dachreeling im VEB Feuerlöschgerätewerk Luckenwalde, um als Feuerwehrfahrzeug für alle Arten der technischen Hilfeleistung zu dienen. Die Höchstgeschwindigkeit betrug auf der Straße 50 km/h; der Verbrauch 50 l (im Straßenbetrieb) und 100 l (im Gelände). Zur damaligen Zeit wurden viele noch verwendbare Arten ehemaliger Wehrmachtsfahrzeuge für Feuerlöschzwecke umgerüstet. Schon wegen des immens hohen Benzinverbrauchs, konnten diese Fahrzeuge meist nur als kurzzeitige Provisorien angesehen werden. Von unterrichteter Seite war zu erfahren, daß auch leichte und mittlere Schützen-Panzerwagen (Sd.Kfz 250 u. 251) zu Waldbrand-Löschfahrzeugen umgerüstet und eingesetzt wurden. Leider existieren von diesen Raritäten offensichtlich keine Fotos. (16)

Auf dem Gebiet der ehemaligen DDR waren bis zum Zweiten Weltkrieg rund 30% der gesamtdeutschen Pkw- und ca. 70% der Motorradproduktion angesiedelt. Diese Bedeutung konnte die dort verbliebene Kraftfahrzeugindustrie nie wieder erreichen.

Nach dem Krieg standen sowohl Fahrzeug- als auch Feuerwehrgeräteindustrie der damaligen Sowjetischen Besatzungszone (SBZ) vor einem Trümmerhaufen. Bis zur Gründung der DDR im Oktober 1949 konnte man kaum von einer nennenswerten Nutzfahrzeugproduktion sprechen. Lediglich der Horch-H 3-Lkw mit 3 t Nutzlast (Sechszylinder-Vergasermotor mit 4198 cm^3 Hubraum und 100 PS Leistung) wurde in diesen Jahren vom IFA-Kraftfahrzeugwerk Horch in Zwickau produziert. Auf diesen Halbfrontlenker wurden einige wenige Löschfahrzeuge LF 15 mit Vorbaupumpe vom VEB-Feuerlöschgerätewerk Luckenwalde, dem zukünftig wichtigsten Hersteller für Feuerwehraufbauten in der DDR, aufgebaut.

Mangels neuer Fahrgestelle mußten sich die Feuerwehrgerätefabriken in der SBZ (VEB Feuerlöschgerätewerk Görlitz, vormals F.A. Fischer; VEB Feuerlöschgerätewerk Jöhstadt, vormals E.C. Flader und vor allem der VEB Feuerlöschgerätewerk Luckenwalde, hervorgegangen aus der Firma Hermann Koebe) zunächst mit der Reparatur beschädigter Fahrzeuge und Umbauarbeiten jeglicher Art beschäftigen. Hinzu kamen Fahrzeugaufbauten auf Fahrgestellen sowjetischer Herkunft. Die größtenteils unveröffentlichten Aufnahmen in diesem Buch bieten nur einen kleinen Einblick in die Fülle der zur damaligen Zeit entstandenen Fahrzeuge.

Erst langsam kam die eigene Lastwagenproduktion wieder in Gang. Den Anfang machte der VEB IFA Kraftfahrzeugwerk Horch in Zwickau, des einzigen DDR-Herstellers, der die Versorgung des Landes mit Lastkraftwagen aufrecht erhielt, mit dem auf der Leipziger Frühjahrsmesse vorgestellten Dreitonnenhaubenlastwagen H 3 A mit 80-PS-Vierzylinder-Dieselmotor. Der H 3 A wurde bis 1956 und der nachfolgende 3,5-Tonner Sachsenring H 3 S bis 1957 gebaut. Im gleichen Jahr erfolgte der Zusammenschluß mit dem ehemaligen Audi-Werk, dem VEB Automobilwerk Zwickau, zum VEB Sachsenring-Automobilwerk Zwickau.

Ab 1958 wurde das Übergangsmodell S 4000 mit 4 anstelle von 3,5 t Nutzlast produziert, dem bereits zur Herbstmesse des Jahres der neue Typ S 4000-1 mit einer auf 90 PS gesteigerten Motorleistung und Synchrongetriebe folgte. Die Produktion dieses Lkw wurde bis 1967, nunmehr im VEB IFA-Kraftfahrzeugwerk „Ernst Grube", Werdau, fortgeführt. Während des etwa 17 Jahre umfassenden Produktionszeitraums der vorgenannten Haubenlastwagen sind rund 50000 Stück vom Band gerollt. Auf diesen mittelschweren Lastkraftwagen war 1953 die Fertigung von Feuerwehraufbauten aufgenommen worden. Überwiegend waren dies LF 15, TLF 15 aber auch Schlauch- und Rettungs-

Ende der vierziger Jahre baute der VEB Feuerlöschgerätewerk Luckenwalde (ehemals Firma Koebe) auch Feuerwehrfahrzeuge auf Fahrgestellen sowjetischer Herkunft (in diesem Fall SIS 150) auf. Von diesem halboffen gestalteten TLF 15 mit Vorbaupumpe, wurde eine Serie von 10 Stück für den Brandschutz für unter sowjetischer Verwaltung stehende Betriebe gebaut. Diese robusten Fahrzeuge dürften noch viele Jahre im Dienst gestanden haben. (16)

gerätewagen (SKW 12 und RTGW), die man darauf erstellte. Später kamen einige Sondermodelle wie LF 16 Chemie, LF-CO_2-Gerätewagen (GW) und Atemschutzwagen (AEW) und ab 1963 auch Drehleitern DL 25 mit hydraulischem Antrieb hinzu.

Ab 1965 begann die Fertigung des neuen Typs IFA W 50 L-Frontlenker-Lkw, die bis 1990 andauerte.

In der 2-t-Nutzlastklasse wurden ab 1949 die ehemaligen Phänomen-Werke, Zittau, wieder tätig. In diesem ab 1957 als VEB Robur-Werke, Zittau, firmierenden Lastwagenwerk wurden die leichten Haubentypen Granit 27 und 30 K sowie Garant 30 K, die es auch mit Dieselmotoren gab, produziert, denen die Frontlenkermodelle LO 1800 A, 1801 A und

Ebenfalls aus Luckenwalde stammte dieses LF 15 auf GAS 51-Fahrgestell sowjetischer Bauart, das mit einem Sechszylinder-Vergasermotor mit 3480 cm^3 Hubraum bestückt war und 70 PS bei 2800 U/min leistete. Das Löschfahrzeug verfügte über eine Vorbaupumpe und wurde Ende der vierziger Jahre aufgebaut. (16)

2002 A bis zur Gegenwart folgten. Für Feuerwehrzwecke verwendet wurden diese Fahrgestelle vorwiegend für Löschfahrzeuge LF-TS 8 und LF-Lkw TS 8-STA.
Das dritte bedeutende Nutzfahrzeugwerk der DDR, der VEB Barkas-Werke in Karl-Marx-Stadt (heute Chemnitz), baute ab 1963 auf dem erfolgreichen Kleinlastwagen Barkas Typ B 1000 vor allem Kleinlöschfahrzeuge, MTW, Kommando- und Rettungswagen.

Auf dem Fahrgestell des SIS 5-Standard-3-t-Lkw der sowjetischen Streitkräfte entstand dieses von Luckenwalde aufgebaute Tanklöschfahrzeug mit Vorbaupumpe. Offensichtlich ist auch dieser Typ im Rahmen einer Kleinserie hergestellt worden. Während die obige Aufnahme das Fahrzeug vor der Übergabe (allerdings noch nicht voll ausgerüstet) mit einem sowjetischen Fahrer am Steuer zeigt, läßt das untere Bild, von dem das Aufnahmedatum – der 22.11.1952 – überliefert ist, aus der Heckperspektive viele Ausrüstungsmerkmale erkennen. (beide 16)

Löschfahrzeug LF 15 mit eingebautem Wassertank, Schaumtank und Vorbaupumpe auf SIS-150-Fahrgestell, das 1954 vom VEB Feuerlöschgerätewerk Luckenwalde erbaut wurde. Die untere Abbildung gibt den Blick durch die geöffneten Türen von Mannschafts- und Geräteräumen auf die Beladung frei. All diese auf sowjetischen Fahrgestellen gebauten Feuerwehrfahrzeuge wurden entweder an die Wismut AG, Uranbergbau, oder direkt an die Rote Armee geliefert und verblieben vermutlich in der Sowjetunion. (beide 16)

Oben und unten: Tanklöschfahrzeug TLF 8 auf einem IFA-Phänomen-Granit-30 K-Fahrgestell der Bauserie 1953/56, aufgebaut 1959 vom VEB Feuerlöschgerätewerk Luckenwalde für die Werkfeuerwehr der Gummiwerke Ortrand. Das 1954 gebaute Fahrzeug diente früher der Nationalen Volksarmee (NVA) und besaß ein Vierzylinder-Vergasertriebwerk mit 3000 cm^3 Hubraum und 55 PS Leistung bei 2600 U/min. Die Höchstgeschwindigkeit dieses für 2 t Tragkraft ausgelegten Wagens lag bei 80 km/h. Der mit offenem Geräteaufbau ausgeführte Feuerwehrwagen besaß Vorbaupumpe, Längssitzbänke hinter der Fahrerkabine und seitlich am Tank angebrachter Schlauchhaspeln. Auf beiden vorderen Kotflügeln waren Schaumrohre arretiert. Die untere Aufnahme zeigt das Fahrzeug in einer Heckansicht, das jetzt vom Feuerwehrmuseum Eisenhüttenstadt erhalten wird. (beide 16)

Rechte Seite:
Frontansicht des TLF 8 auf Phänomen Garant 30 K mit Vorbaupumpe vor der Ablieferung an den Auftraggeber. (16)

30K
KV74 - 24

Dieser Rüstkranwagen mit 4,5-t-Hebekraft, hier in einer Heckansicht mit ausgefahrenem Kranausleger und Stützrollen abgebildet, besaß das unübliche Fahrgestell des Magirus S 4500. Die am 26.11.1950 entstandene Aufnahme zeigt ein aus einer Metz-Krananlage (aus einem beschädigten Rkw unbekannter Herkunft) und dem Magirus-Fahrgestell in Verbindung mit einem in Luckenwalde gefertigten Nachkriegsaufbau hergestelltes Fahrzeug. Über den Verbleib dieses typischen Improvisation und Materialnot der ersten Nachkriegsjahre kennzeichnenden „selbstgestrickten" Kranwagens ist leider nichts bekannt. (16)

Aus einem unfallbeschädigten leichten Löschgruppenfahrzeug (LLG) mit Daimler-Benz-Aufbau entstand im Jahre 1950 im VEB Feuerlöschgerätewerk Luckenwalde, dem bedeutendsten Hersteller für Feuerwehrgeräte und -aufbauten in der damaligen Sowjetischen Besatzungszone (SBZ), für das Feuerwehr-Kommando des VEB Stahl- u. Walzwerks Hennigsdorf ein Löschfahrzeug mit 800-l-Vorbau-Kapselschieberpumpe. Infolge der erlittenen Unfallschäden erhielt das Fahrzeug eine neue Vorderachse, wodurch das Erscheinungsbild des Mercedes-Benz-L 1500 S-Fahrgestells verändert wurde. (16)

Opel Blitz 3 t als Löschfahrzeug LF 15, aufgenommen vor der Ablieferung an den Auftraggeber. Die Ausführung des Aufbaus ähnelte dem der Firma Koebe, Luckenwalde, der Vorkriegszeit. Lediglich die ungeteilte Frontscheibe sowie veränderter Heckabschluß und Seitentüranordnung weisen auf eine Nachkriegsfertigung hin. (16)

Von den zuverlässigen und in großen Stückzahlen bis 1945 gefertigten Opel-Blitz-3-Tonnern waren nach Kriegsende noch viele Fahrzeuge vorhanden, die nach entsprechender Überholung des Fahrgestells teilweise mit Feuerwehraufbauten versehen wurden. Das abgebildete TLF 15 mit Allradantrieb und 4,20 m Radstand, besaß Vorbaupumpe und Staffelfahrerhaus und war mit offenem Geräte- und Tankaufbau ausgeführt. An der Rückseite der Fahrerkabine sind Kohlensäure-Druckgasflaschen zu erkennen. (16)

Löschfahrzeug LF 15 mit sehr langem Radstand, aufgebaut Ende der vierziger Jahre vom VEB Feuerlöschgerätewerk Luckenwalde auf einem MAN-D1-Niederrahmenfahrgestell. Vielleicht weiß ein Leser nähere Einzelheiten zu diesem Fahrzeug? (16)

Löschfahrzeug LF 15 mit Vorbaupumpe auf dem von 1950–1956 gebauten IFA-Horch-H 3 A-Fahrgestell für 3 bis 3,5 t Tragfähigkeit. Die Gestaltung der Front- u. Seitenscheiben des Fahrer- u. Mannschaftsraumes weisen auf ein Fahrzeug einer frühen Serie hin. Aufbauhersteller war der VEB Feuerlöschgerätewerk Luckenwalde. Das Fahrgestell war mit einem Wirbelkammer-Dieselmotor mit 6024 cm^3 Hubraum und 80 PS Motorleistung bestückt. (16)

Löschfahrzeug LF 15 mit angebauter 1500-l-Vorbaupumpe, aufgebaut ca. 1958 vom VEB Feuerlöschgerätewerk Luckenwalde. Der auf IFA-Horch-H 3 A-Fahrgestell erbaute Wagen besaß einen Wassertank mit 300 l Inhalt. Durch den kurzen Radstand von nur 3,25 m wirkt das Löschfahrzeug sehr gedrungen und bullig. (16)

CHEMIE-LÖSCHFAHRZEUG 16

auf 4 to-Fahrgestell S 4000-1, SW 5, mit 4-Zylinder-Dieselmotor 90 PS. Fahrer- und Mannschaftsraum für die Löschgruppe von 1 und 8 Personen. Feuerlöschpumpe 1600 l/min bei 80 m Förderhöhe im Fahrzeugheck eingebaut mit zwei fest angebauten Mischern EZ 200. Schaummittelbehälter 200 l auf glasfaserverstärktem Polyester. Wasserbehälter 50 l zum Füllen der Wasserringpumpe. CO_2-Löschanlage bestehend aus vier CO_2-Flaschen, je zwei Stück waagerecht übereinander gelagert. Flaschenventile an Sammelleitung angeschlossen, die zentral in die CO_2-Hochdruckhaspel und weiter als CO_2-Hochdruckschlauch in das angeschlossene CO_2-Schneerohr führt. Fahrbare Schlauchhaspel nach DIN 14350 mit abnehmbarer Aufprotzvorrichtung. Aufbau in Gemischtbauweise gefertigt. Einbaumöglichkeit eines UKW-Funkgerätes. Dachladegerüst für tragbare Leitern und Saugeschläuche. Bestückung nach Bauvorschrift.

VEB FEUERLÖSCHGERÄTEWERK LUCKENWALDE

KOHLENSÄURE-LÖSCHFAHRZEUG

auf 4-to-Fahrgestell, S 4000-1, SW 8, mit 4-Zylinder-Dieselmotor 90 PS. Serienmäßiges LKW-Fahrerhaus für 1 und 2 Personen. Aufbau in Gemischtbauweise gefertigt, von allen Seiten leicht zugängig. Kohlensäurebatterie, bestehend aus 20 Stahlflaschen von je 30 kg CO_2-Füllung mit flexiblem Steigrohr, waagerecht in drei Reihen angeordnet. Flaschen einzeln auslösbar mit gemeinsamer Hauptleitung NW 2" und Rückschlagventilen. 4 Schlauchhaspeln a 60 m Hochdruckschlauch NW 12 mit 4 Geräteschneerohren. Fahrzeug ist besonders geeignet für Chemiebetriebe.

VEB FEUERLÖSCHGERÄTEWERK LUCKENWALDE

Löschfahrzeug LF-CO_2 auf 4-t-IFA-S 4000-1-Chassis in einer Werksaufnahme des VEB Feuerlöschgerätewerks Luckenwalde. Das von 1959–1967 in der Produktion befindliche Fahrgestell war mit dem auf 90 PS Leistung gesteigerten Vierzylinder-Dieselmotor mit 6024 cm^3 Hubraum ausgerüstet. Das LF-CO_2 beförderte in seinem Kofferaufbau 20 Druckgasflaschen mit jeweils 30 kg CO_2-Inhalt. Dieses Fahrzeug wurde vorrangig für die Brandbekämpfung in der Industrie eingesetzt. (16)

Gerätewagen (GW) vom Feuerlöschgerätewerk Luckenwalde auf S-4000-1-Fahrgestell von 1960. Dieses Baumusterfahrzeug besaß noch Plaste-Rolläden, die in der späteren Serie (23 Stück wurden insgesamt gefertigt) durch solche aus Leichtmetall ersetzt wurden. Das Feuerwehrfahrzeug gehörte zu den wenigen in der DDR gebauten Modellen, bei denen der Versuch unternommen wurde, Geräteraumverschlüsse in Jalousieform zu verwenden. (16)

Rettungs-Gerätewagen (RTGW) der ersten Bauserie (noch mit hinten angeschlagenen Türen) auf IFA-Horch-H 3 A-Fahrgestell. (16)

Rettungs-Gerätewagen (RTGW) auf dem 3,5-t-Fahrgestell des Sachsenring H 3 S, das als Übergangsmodell im Jahre 1957 gebaut wurde. Das vom VEB Feuerlöschgerätewerk Luckenwalde aufgebaute Sonderfahrzeug wurde vorrangig bei größeren Wehren der DDR eingesetzt. Die Besatzung bestand aus sechs Mann, die eine Spezialausbildung genossen hatten. Zur Beladung zählten Schlauchboot und Eisschlitten sowie weitere Spezialgeräte, die im Inneren des geräumigen Aufbaus mitgeführt wurden. (16)

SCHLAUCHKRAFTWAGEN SKW 14

auf 4-to-Fahrgestell, S 4000-1, SW 8, mit 4-Zylinder-Dieselmotor 90 PS. Serienmäßiges LKW-Fahrerhaus für 1 und 2 Personen. Lagerungsvorrichtung für eine seitlich einschiebbare Tragkraftspritze TS 8/8. Fahrbare Schlauchhaspel nach DIN 14350 mit abnehmbarer Aufprotzvorrichtung. Aufbau in Gemischtbauweise gefertigt. Dachladegerüst für tragbare Leitern, Saugschläuche und Dreibock. Bestückung nach Bauvorschrift, u. a. 1400 m B-Druckschlauch und 135 m C-Druckschlauch.

FGL LUCKENWALDE

VEB FEUERLÖSCHGERÄTEWERK LUCKENWALDE